Theo Lehmann

Knapp daneben ist auch vorbei

Gedanken eines unbequemen Zeitgenossen

ONCKEN VERLAG WUPPERTAL UND KASSEL

ABCteam

ABCteam-Bücher erscheinen in folgenden Verlagen:

Aussaat- und Schriftenmissions-Verlag Neukirchen-Vluyn
R. Brockhaus Verlag Wuppertal
Brunnen Verlag Gießen (und Brunnquell Verlag)
Christliche Verlagsanstalt Konstanz
(und Friedrich Bahn Verlag/Sonnenweg-Verlag)
Christliches Verlagshaus Stuttgart
(und Evangelischer Missionsverlag)
Oncken Verlag Wuppertal und Kassel

Umschlaggestaltung: Carsten Buschke, Solingen
Umschlagfoto: Stockmarket - ZEFA, Düsseldorf
Gesamtherstellung: Breklumer Druckerei Manfred Siegel KG
ISBN 3-7893-3415-4

INHALT

Karfreitag ist ein Freudentag

Karfreitag ist ein Freudentag! Freilich – es geht um den Tod eines Mannes, und es ist ein grausamer Tod gewesen. Der Tod eines Unschuldigen, den sie auf sadistische Weise gequält und bei lebendigem Leibe an ein Kreuz genagelt haben. Der zwischen zwei Verbrechern starb, während das Publikum über seine Hilflosigkeit höhnische Bemerkungen machte. Als Jesus, der Gottessohn, durch Menschenhand starb, nahm selbst die Schöpfung an seinem Tod teil. Die Sonne verlor vor Scham ihren Schein. Was sich da auf Golgatha, der Müllkippe von Jerusalem, abspielte, war eine Ungeheuerlichkeit.

Trotzdem: Karfreitag ist ein Freudentag. Es geht zwar um einen Tod, aber nicht um einen Toten. Es geht um den Auferstandenen, von dem wir bekennen: »gekreuzigt, gestorben und begraben, ... am dritten Tage auferstanden von den Toten«. Der Gekreuzigte und der Auferstandene – das ist ein und derselbe. Wer das nur einen einzigen Augenblick lang vergißt, bei dem ist entweder am Oster- oder am Karfreitagsglauben etwas verkehrt. Und wer am Karfreitag in düsterer Mollstimmung so tut, als wüßte er nicht ganz genau, daß zwei Tage später Ostern ist, ist ein Heuchler. Auch der Karfreitag, gerade der Karfreitag, bringt für uns Evangelium.

Die Nachricht vom Tod Jesu ist keine Trauernachricht, sondern eine Freudenbotschaft. Deshalb ist die übliche Art von Karfreitagstrauer, wie sie in vielen Gottesdiensten praktiziert wird, kein Zeichen von Frömmigkeit, sondern von rein bürgerlicher Gefühlshaltung, wie sie für einen Bürger von Gottes Reich reichlich unwürdig ist. Schließlich war es Jesus selbst, der diese (Un-)Art von Karfreitagstrauer abgelehnt hat. Als er auf dem Weg zur Hinrichtungsstätte war und einige Frauen weinten, da hat er nicht zu ihnen gesagt: »Dies tut zu meinem Gedächtnis.« Sondern er hat gesagt: »Weint nicht über mich, sondern weint über euch selbst!« Wenn schon Traurigkeit am Karfreitag, dann nur über uns selber, weil es unsere Sünde ist, die Jesus ans Kreuz bringt.

Bei einer Evangelisation hatten Gegner unsere Plakate von der Kirchentür entfernt und durch neue ersetzt. Da stand z.B. drauf: »Christus ist tot. Theo hat ihn gekreuzigt. Theo lebt.« Damit wollten sie mich treffen. In Wirklichkeit haben sie mit dieser Formulierung genau ins Schwarze getroffen. Sie haben genau die Mitte des Evangeliums getroffen, sie haben unbewußt und ungewollt die Wahrheit gesagt. Ja, so ist es: Jesus starb am Kreuz, weil meine Sünden ihn getötet haben. Ich lebe, weil er starb. Das ist die Wahrheit, wie sie auch im Gesangbuch formuliert ist: »Ich, ich und meine Sünden, die sich wie Körnlein finden des Sandes an dem Meer, die haben dir erreget das Elend, das dich schläget, das große, starke Marterheer.« Das Traurige ist, daß Milliarden unserer Zeitgenossen noch nie gehört haben, daß sie nicht verlorengehen müssen. Sie haben es nicht gehört, weil wir, die Kirche, es ihnen nicht gesagt haben. Das Traurige ist, daß wir mit unserem fehlenden Missionseifer, unserem feigen Schweigen und faulem Christentum Christus aufs neue kreuzigen.

Das Traurige am Karfreitag ist nicht, daß Jesus stirbt, sondern daß wir so kaputt und verloren sind, daß erst ein Unschuldiger sterben muß, um uns von unserer Verlorenheit zu retten. Wenn wir nicht begreifen, daß wir dort hängen müßten, wo Jesus hängt – dann wäre das allerdings ein trauriger Karfreitag. Denn dann hätten wir ja überhaupt nicht begriffen, worum es geht an diesem Tag und an diesem Kreuz. Es geht um uns, um unsere Schuld, um unsere

Rettung. Wo jemandem das Leben gerettet wird, ist wahrhaftig Grund zur Freude. Gleichzeitig ist Lebensrettung auch eine ernste Sache, zumal dann, wenn die Rettungsaktion den Lebensretter sein Leben kostet. Um diese blutig ernste, frohmachende Angelegenheit, um unsere Lebensrettung durch Jesus, geht es zu Karfreitag.

Offen für alle

Bei einer Jugendwoche ist die Kirche sechs Abende lang geöffnet, und zwar für jeden. Voraussetzung ist eine Mitarbeiterschaft, die bereit ist, sich selbst erst mal anderen Christen zu öffnen. Denn eine solche Woche wird nicht von einer einzelnen Gemeinde, sondern von Vertretern aller zur Mitarbeit bereiten evangelischen Jugendgruppen aus Landeskirche, Landeskirchlicher Gemeinschaft und Freikirchen verantwortet. Nirgends lernen sich Christen aus unterschiedlichen Kirchen besser kennen als bei einer gemeinsamen Arbeit. Ziel der Arbeit ist, andere, die Jesus noch nicht kennen, für ihn zu gewinnen. Es werden also in der Kirche Menschen erwartet, die noch nie eine betreten haben. Die kommen dann auch und benehmen sich dementsprechend. Sie lassen sich in ihrer Unterhaltung durch den Prediger nicht stören, stören ihrerseits andere durch Raus- und Reinrennen (mal eine rauchen) und sind, zumal wenn sie als Gruppe anrücken, ein ständiger Unruheherd. Für Pastoren, die eine brave Herde gewöhnt sind, sind solche schwarzen Schafe natürlich eine Zumutung. Einer warf mir empört vor: »Solche Leute ziehen Sie in die Kirche!« Ja, genau um »solche Leute« geht es, und es geht (meistens) gut, wenn man ihnen mit Liebe begegnet.

Wegen ihres Auftretens angeödet zu werden, sind sie gewöhnt. Trotzdem angenommen zu werden, ist für sie eine neue Erfahrung. Die können sie bei einer Jugendwoche machen, in der sie Gesprächspartner finden, die für sie Zeit haben. Die Mitarbeiter haben sich auf die Gespräche vorbereitet. Jeder kann mit jedem über jedes Thema reden. Wo ist das eigentlich sonst noch in unserer Gesellschaft möglich?

Um miteinander ins Gespräch zu kommen, gibt es verschiedene Möglichkeiten. Außer einer handfesten, herausfordernden Predigt gibt es z.B. noch den Fragekasten und die Meckertafel. Eine Predigt abdrücken und sich dann in der Sakristei verdrücken, ist einfach. Sich dem Gespräch stellen, ist riskant. Wer sich Anfragen stellt, ist angreifbar. Wer sich rückhaltlos öffnet, ist verwundbar. Schmerzhafte Erfahrungen sind der Preis der Offenheit. Aber der Preis der geschlossenen Kirche ist das Absterben. Nur eine Kirche, die evangelisiert, lebt. Nur eine Kirche, die sich öffnet, kann evangelisieren. Mir ist kein kirchlicher Arbeitszweig bekannt, der so vielen Nichtchristen den Weg zu Jesus öffnet wie die Evangelisation.

Gott hat keine Enkelkinder

Gott hat Geschöpfe, Freunde, Feinde, Propheten, Jünger, Kinder, Diener, Mitarbeiter, Engel – aber keine Enkel. Warum nicht? Ganz einfach – weil er dann ja ein Großvater sein müßte. Ist er aber nicht! Obwohl er auf vielen Darstellungen leider wirkt wie ein wackeliger Opa, der kraftlos und abgeschlafft auf einer Wolkenbank hängt und sich von putzigen Engeln, die nicht nur im Gesicht pausbäckig sind, frische Luft zuwedeln läßt.

Zu dieser Vorstellung vom lieben Opa-Gott mit Mini-Engeln paßt die Vorstellung von den Enkeln natürlich ausgezeichnet. Sie hat eine Menge Vorteile. Z.B. hat so ein gemütlicher Opa ja nichts zu melden, er hat nur seine Engel und Enkel zu tätscheln. Und so ein Enkel gehört automatisch zur Familie, kann Ansprüche anmelden auf teure Geschenke wie Glück und Gesundheit. Und wehe, das klappt nicht, dann ist Opi schuld und bekommt die gelbe Karte gezeigt: Bis auf weiteres werden alle (Gottesdienst-)Besuche eingestellt. Ist das nicht praktisch? Ja, vor allem ist es praktischer Unglaube!

Denn die ganze bequeme Opa-Enkel-Religion hat einen Nachteil: Sie ist falsch. Unrealistisch. Unbiblisch. In der Bibel steht nichts von Gott als Großvater, sondern da wird er unser Vater genannt und wir seine Kinder; von Enkeln ist weit und breit überhaupt keine Rede. Unsere Gottesbeziehung läuft nicht um ein paar Verwandtschaftsecken herum. Um mit Gott in Kontakt zu sein, brauchen wir kein christliches Elternhaus. Es ist schön, wenn wir eins haben, aber wir haben keine Garantie, deswegen zu Gott zu kommen.

Ich schreibe diese Zeilen am Geburtstag meiner längst verstorbenen Mutter. Ich preise Gott, daß ich diese Mutter hatte, in einem christlichen Elternhaus aufwuchs mit Abendlied und Tischgebet und Gottesdienstbesuch, mit christlichen Bildern an den Wänden und christlichen Vorbildern im Leben, mit einem Vater, der hauptamtlich im kirchlichen Dienst stand, und einer Mutter, die für uns Kinder täglich betete. Das alles hat mir geholfen, es war unschätzbar wichtig für die Prägung meines Lebens, aber es hat mich nicht automatisch zum Christen gemacht.

Denn das alles hatte mein leiblicher Bruder auch. Für ihn betete die gleiche Mutter, er hatte den gleichen kirchlichen Angestellten als Vater, er atmete die gleiche christliche

Luft, lernte die gleiche Frömmigkeit kennen wie ich, es war bei ihm alles wie bei mir, da gab es in der Erziehung, Liebe und Zuwendung keinen Unterschied. Und doch unterscheiden uns heute Welten. Er hat sich vom Glauben seiner Eltern und seiner Kirche losgesagt. Er ist kein Christ.

Mein Bruder und ich, wir haben außer dem gemeinsamen Elternhaus noch eins gemeinsam: Wir haben eine Entscheidung gefällt. Er gegen, ich für Gott. Aber es war eine persönliche Entscheidung, und das ist der entscheidende Punkt in der Gottesbeziehung. Es ist eine Direktbeziehung. Sie kommt nicht zustande durch fromme Familientradition, sondern durch persönlichen Glauben. »Wie viele ihn aber aufnahmen, denen gab er Macht, Gottes Kinder zu werden, die an seinen Namen glauben« (Joh 1,12). Mehr als ein Kind Gottes kann man nicht werden. Es ist das Höchste, das es gibt. Man kann Mitarbeiter im Reich Gottes und Säule der Gemeinde werden, aber man bleibt immer Kind Gottes. Mehr ist nicht möglich.

Aber mit weniger sollte sich niemand zufrieden geben. Keiner sollte freiwillig die Rolle des Enkels spielen, wenn er von Gott die Hauptrolle des Sohnes angeboten bekommt. Gott verteilt eben keine Neben–, nur Hauptrollen: Wer ihn aufnimmt, wird sein Kind. Andere Beziehungen spielen keine Rolle.

Rechtzeitig einordnen

Mittagessen im Rentnerklub. Eine ältere Dame lädt eine andere ältere Dame zu einer kirchlichen Veranstaltung ein. Die winkt ab: »Kirche? Das ist doch nichts mehr für uns Alte. Da gehen doch bloß noch junge Leute hin.« Tatsächlich, zu vielen kirchlichen Veranstaltungen, und nicht nur Kirchentagen, kommen auffallend viele Jugendliche. Warum?

Bei Jugendwochen stelle ich diese Frage immer den jungen Menschen, die zum ersten Mal in ihrem Leben eine Kirche betreten. Sie sind meistens zunächst beeindruckt von der Atmosphäre der Offenheit, Freundlichkeit und Gesprächsbereitschaft. Egal, welche Vergangenheit, welche Weltanschauung, welche Klamotten einer hat – jeder kann reinkommen, jeder wird ernstgenommen, jeder kann mit jedem über jedes Thema reden, vor allem über sich selbst. Wo kann man das sonst noch? In der Disco ist es zu laut, in der Clique zu lässig, in der Schule ist es kein Lehrfach, in der Familie ist keine Zeit. Wo wird sonst noch über Tod, Schuld, Vergebung und Gott geredet?

Die einzige Information, die viele von Gott haben, ist, daß es ihn nicht gibt. Und nun erhalten sie von ihm eine persönliche Einladung: Kommt her alle zu mir! Alle! Gott will also nicht nur die Alten (die auch), sondern auch die Jungen, und zwar die ganz besonders, weil die Gott ganz besonders brauchen. Denn wer unterwegs ist, braucht Wegweiser.

Als ich zum ersten Mal allein mit dem Auto nach Berlin fuhr, wollte ich ins Stadtzentrum. Ich wollte zur Friedrichstraße, aber plötzlich fuhr ich auf den Alex zu. Das wäre ja noch gegangen, wenn man da irgendwo umlenken könnte. Aber wenn du als Provinzler wie ich in der Großstadt erst einmal auf die falsche Spur kommst, bist du verloren. Du darfst nicht rechts abbiegen, du darfst nicht links umlenken, immer nur Pfeile geradeaus, überall Halteverbot. Unerbittlich wirst du vom Verkehrsstrom mitgenommen.

Die Friedrichstraße liegt ganz woanders. Der Fernsehturm im Rückspiegel wird immer kleiner, am Schluß landest du weit draußen, hältst in einer Nebenstraße an, holst den Stadtplan hervor und versuchst rauszukriegen, wo du hingefahren bist. Bis ich wieder im Zentrum war, hab' ich mindestens eine halbe Stunde gebraucht. Und alles bloß deswegen, weil ich mich nicht rechtzeitig eingeordnet hatte. Da standen zwar auf riesigen Schildern die Richtungen, aber ich hatte das nicht beachtet, mich nicht in die richtige Spur eingeordnet, und als ich an die große Kreuzung kam, war's zu spät. Da konnte ich nicht mehr überwechseln. Ich konnte nur noch in einer Richtung weitermachen, und das war leider die falsche.

Wenn du dich nicht rechtzeitig einordnest, hast du erst mal keine Möglichkeit mehr, die Richtung zu ändern. Dann hast du nur noch eine Möglichkeit: umkehren. Heute sagt dir Jesus: Junger Mensch, kehr um! Folge mir nach! Folge meiner Spur, und du kommst zu einem Leben, das dir voll genügt und das auch der Tod nicht zerstört. Du näherst dich nämlich auch der großen Kreuzung. Wo willst du hin? Nach rechts oder nach links? Ins Zentrum des Lebens, ins ewige Leben oder ins Abseits, in die Verdammnis?

Das Einordnen muß frühzeitig erfolgen, und die Jugendzeit ist dafür gerade die richtige Zeit. Deshalb sagt die Bibel: »Denk an deinen Schöpfer in deiner Jugend!« (Pred 12,1). Deshalb ist es schön, daß du jetzt diese Zeilen liest. Deshalb danke ich dir, daß du dir dafür Zeit genommen hast. Deshalb freue ich mich für dich, weil du jetzt die Chance hast, dich richtig einzuordnen, dein Leben zu ordnen.

Sag nicht: »Ich bin zu jung.« Für Gott bist du nie zu jung! Im Gegenteil: Gott will dich, aber nicht, obwohl du jung bist, sondern weil du jung bist!

Entscheidung ist gefragt

Der Satz: »Ich glaube an Gott« ist gut und schön. Aber ohne konkrete Konsequenzen ist er eine hohle Phrase, eine Seifenblase, die im Jüngsten Gericht zerplatzen wird.

Manche Leute könnten ja vor Lachen bersten, wenn die Bibel vom Jüngsten Gericht redet oder etwa von Verdammnis und Hölle.

Wenn ich darüber spreche, habe ich auch schon oft den Vorwurf gehört: »Du setzt die Menschen unter Druck, du drohst, du betreibst das Geschäft mit der Angst.«

Doch das sind nicht meine Erfindungen und nicht meine Worte. Jesus selbst ist es, der vom Gericht redet: »Wenn der Menschensohn in seiner ganzen Herrlichkeit, begleitet von allen Engeln, wiederkommt, dann wird er auf dem Thron Gottes sitzen. Alle Völker werden vor ihm erscheinen, und er wird die Menschen in zwei Gruppen teilen, so wie ein Hirte die Schafe von den Böcken trennt. Rechts werden die Schafe und links die Böcke stehen« (Mt 25,31ff).

Jesus sagt hier also:

- Er kommt wieder.
- Es kommen alle Völker ins Gericht.
- Es kommt die große Entscheidung.

Als Jesus zum erstenmal zu uns kam, kam er als Kind, als Mensch. Er sah aus wie jeder andere. Keiner konnte ihm ansehen, daß er der Herr der Welt ist. Sie konnten ihn anspucken, ihn kreuzigen, und bis zum heutigen Tag kann jeder auf ihn pfeifen.

Aber am letzten Tag, wenn das große Spiel der Weltgeschichte abgepfiffen wird, kommt er in Herrlichkeit, also so, daß jeder sehen kann – und sehen muß, daß er der Herr der Welt ist.

Allen anderen Herren, die Sie verehrt oder gefürchtet haben, vor denen Sie gekatzbuckelt oder gekrochen sind, werden Sie nie wieder begegnen.

Der Einzige, dem Sie noch einmal begegnen werden, nach Ihrem Tod, ist Jesus. Ihm allein müssen Sie Rechenschaft geben über Ihr Leben.

Aber nicht nur Sie allein – alle kommen ins Gericht, alle Völker, alle Menschen, egal wann und wo sie gelebt haben – unter welcher Regierung, unter welchen Verhältnissen.

Alle Unterschiede, die es bis dahin gab – Geld, Ruhm, Positionen, bedeutend oder unbedeutend, spielen dann keine Rolle mehr. Am Ende kommt die große Scheidung. Dann gibt es nur noch zwei Gruppen, Gerettete und Verlorene.

In einer von beiden Gruppen werden Sie sein, in einer von beiden Gruppen werden Sie die Ewigkeit verbringen. Haben Sie sich schon entschieden, wo Sie hinwollen? Hin zu Gott oder weg von Gott?

Um diese Entscheidung zu treffen, hat Gott Ihnen das Leben gegeben. Um Sie zu dieser Entscheidung zu rufen, hat er die Kirche eingesetzt.

Wenn Sie Jesus heute als den Herrn Ihres Lebens finden, haben Sie auch Ihren Platz für die Ewigkeit gefunden.

Dann werden Sie auf seiner rechten Seite stehen; und: »Dann wird der Richter zu denen an seiner rechten Seite sagen: ›Kommt her! Euch hat mein Vater gesegnet. Nehmt das Reich Gottes in Besitz, das er seit der Erschaffung der Welt für euch als Erbe bereithält. Denn als ich hungrig war, habt ihr mir zu essen gegeben. Als ich Durst hatte, bekam ich von euch etwas zu trinken. Ich war ein Fremder bei euch und ihr habt mich aufgenommen. Ich war nackt, ihr habt mir Kleidung gegeben. Ich war krank und ihr habt mich besucht. Ich war im Gefängnis und ihr seid zu mir gekommen.‹

Dann werden sie fragen: ›Herr, wann bist du denn hungrig gewesen und wir haben dir zu essen gegeben? Oder durstig und wir gaben dir zu trinken? Wann haben wir dir Gastfreundschaft gewährt? Und wann bist du nackt gewesen und wir haben dir Kleider gebracht? Wann warst du denn krank oder im Gefängnis und wir haben dich besucht?‹

Dann wird ihnen der Richter antworten: ›Das will ich euch sagen: Was ihr für einen meiner geringsten Brüder getan habt, das habt ihr für mich getan‹« (Mt 25,34-40).

Aus dieser Bibelstelle ziehen viele einen falschen Schluß. Sie sagen: »Es ist also gar nicht wahr, daß es auf den Glauben ankommt, sondern es kommt auf die Werke, auf die Taten an. Hier steht es ja endlich mal schwarz auf weiß: Um in den Himmel zu kommen, braucht man weder in die Kirche zu gehen noch zur Kirche zu gehören, man braucht noch nicht mal an Gott zu glauben!« Das Wort »Glaube« kommt hier überhaupt nicht vor. Hauptsache sind die guten Taten. »Um ewig gerettet zu werden, genügt es, wenn ich für die Aktion ›Brot für die Welt‹ spende, wenn ich ein Klamottenpaket in ein Entwicklungsland schicke . . . Dann komme ich in den Himmel, auch wenn ich Atheist bin.«

Wenn diese Auslegung stimmte, hätte Jesus nicht kommen und erst gar nicht am Kreuz sterben müssen. Dann hätte es genügt, wenn Gott gesagt hätte: Seid nett zueinander. Alle netten, sozial Engagierten kommen in den Himmel, egal, ob Christ oder Atheist.

Wer sind die Völker, von denen hier die Rede ist? Jesus sagt: »Alle Völker werden vor ihm erscheinen« (Vers 32).

Manche sagen, hier wären nur die Heiden, also die Ungläubigen, gemeint. Jesus sagt aber »alle«. Außerdem hat er gesagt, daß das Ende der Welt erst kommt, nachdem alle Völker die Botschaft gehört haben. Wenn also alle die Gelegenheit hatten, sich für oder gegen ihn zu entscheiden. Am Jüngsten Tag gibt es nur Menschen, die Jesus angenommen oder abgelehnt haben. Die entweder gläubig geworden oder mit Absicht ungläubig geblieben sind.

Und wer sind die »Brüder«, von denen hier die Rede ist? Jesus sagt: »Was ihr getan habt einem unter diesen meinen geringsten Brüdern, das habt ihr mir getan« (Vers 40).

Manche behaupten, daß alle leidenden und armen Menschen Brüder von Jesus sind. Doch so einen allgemeinen Bruderbegriff, der alle Menschen als Brüder bezeichnet, kennt die Bibel nicht.

Jesus hat klar definiert, wen er mit seinen Brüdern meint, nämlich: »Wer Gottes Willen tut, der ist mein Bruder und meine Schwester« (Mk 3,35). Brüder von Jesus sind also die, die Jesus in der Entscheidung des Glaubensgehorsams nachfolgen und deswegen leiden müssen.

Daraus folgt: Was sind die Taten an den geringsten Brüdern? Es sind die Taten an Christen, die wegen und mit Christus leiden. Daß ein Christ auch Nichtchristen Gutes tun soll, ist selbstverständlich klar. Aber darum geht es in dieser Bibelstelle nicht. Hier geht es um das Gericht und um die Frage, nach welchem Maßstab wir da beurteilt werden.

Dieser Maßstab ist der Glaube. Jesus hat gesagt: »Wer glaubt und getauft wird, wird gerettet, wer nicht glaubt, wird verdammt« (Mk 16).

Nun ist aber der Satz: »Ich glaube an Jesus« leicht gesagt. Jeder Heuchler kann ihn sagen. Auch im Jüngsten Gericht werden viele ihn sagen. Aber damit ist es eben noch nicht »getan«. Denn die Taten sind die Früchte des Glaubens. Und wo keine Früchte sind, ist der Glaube tot.

Deshalb stellt Jesus überhaupt nicht die Frage: »Hast du an mich geglaubt?«, sondern er stellt erst mal alle, die an ihn geglaubt haben, auf seine Seite und sagt dann: »Ihr dürft bei mir sein, weil ihr aus eurem Glauben ganz praktische Konsequenzen gezogen habt.« Und dann wird er konkret: »Ich war durstig, und ihr habt mir etwas zu trinken gegeben. Ich war ein Fremder in eurer Stadt, ich kam aus einem anderen Erdteil und ihr habt mich zu Weihnachten in eure Wohnung aufgenommen. Ich saß im Rollstuhl und ihr habt mich zu einer Freizeit mitgenommen. Ich saß in einer Haftanstalt und ihr habt euch um meine Familie gekümmert.«

Da werden die Angeredeten sagen: »Was? Wer? Wir? Wann? Seit wann bist du, Jesus, ein Farbiger? Seit wann ein Behinderter? Wieso warst du im Knast?«

Darauf wird Jesus antworten: »Das will ich euch sagen. Was ihr für einen meiner geringsten Brüder getan habt, das habt ihr für mich getan.« Zu denen auf seiner linken Seite aber wird er sagen: »Geht mir aus den Augen, ihr Verfluchten, ins ewige Feuer, das für den Teufel und seine Helfer bestimmt ist. Denn ich war hungrig, aber ihr habt mir nichts zu essen gegeben. Ich war durstig, und ihr habt mir nicht zu trinken gegeben. Ich war ein Fremder unter euch, aber ihr habt mich nicht aufgenommen. Ich war nackt, aber ihr wolltet mir nichts zum Anziehen geben. Ich war krank und im Gefängnis, aber ihr habt euch nicht um mich gekümmert.«

Dann werden auch sie ihn fragen: »Herr, wann haben wir dich denn hungrig oder durstig, unbekleidet, nackt, krank oder im Gefängnis gesehen und dir nicht geholfen?«

Darauf wird der Richter ihnen antworten: »Die Hilfe, die ihr meinen geringsten Brüdern verweigert habt, die habt ihr mir verweigert.« Und sie werden der ewigen Strafe ausgeliefert sein. Aber die Gottes Willen getan haben, erwartet unvergängliches Leben.

Es kann sich also kein Mensch, ganz gleich, ob Christ oder Atheist, vor Gott hinstellen und sagen: »Das und das sind meine guten Taten, und deshalb mußt du mich nehmen.«

Nicht wir, die Angeklagten, zählen im Gericht unsere guten Taten auf, sondern Jesus, der Ankläger und Richter, wird uns was erzählen. Bei ihm fällt keine Kleinigkeit und keine Heimlichkeit unter den Tisch. Alles Gute, das im Verborgenen getan wurde, kommt genauso zur Sprache wie das heimliche Böse.

Es ist zum Beispiel nichts, was den Juden angetan worden ist, bei Gott vergessen. Es gibt eine letzte Gerechtigkeit für Millionen Tote und für Milliarden Tränen.

Ich finde es richtig, daß soviel über die Verbrechen an den Juden gesprochen wurde und wird. Aber ich muß auch sagen, daß ich die vielen Schuldbekenntnisse, von denen so viele Reden förmlich getrieft haben, kaum noch hören kann. Da hieß es dauernd: Wir haben tatenlos zugesehen. Wir haben geschwiegen. Wir haben uns schuldig gemacht.

Ja, das ist wahr. Aber wahr ist auch, daß heute weltweit jährlich 50 Millionen Kinder im Mutterleib umgebracht werden. Da braucht's keine umständlichen Krematorien, das macht die zuständige Klinik. Da braucht's keine Massengräber, da genügen Mülltonnen. Damals sagte man: »Niemand kann sicher sein, solange die Juden nicht sicher sind.«

Heute muß man sagen: »Niemand kann sicher sein, solange die Neugeborenen nicht sicher sind.«

Früher war der Bauch der Mutter der sicherste Platz der Welt. Heute ist der Bauch der Mutter der gefährlichste Platz der Welt für ein Kind. Denn dort werden die kleinen, unschuldigen, wehrlosen Menschenkinder zerstochen, zerkratzt, zerstückelt, zerstört. Der Holocaust an den ungeborenen Kindern ist in vollem Gange.

Wer hier tatenlos zusieht, wer hierzu schweigt, macht sich schuldig. Und dem nehme ich seine Schuldbekenntnisse über das Schweigen an den Judenmorden nicht ab.

Es ist Heuchelei, die Untaten von damals zu bedauern und zu den Untaten von heute zu schweigen. Gott wird jedenfalls nicht immer schweigen. Im Gericht wird er alles noch einmal zur Sprache bringen: Die Grausamkeit, mit der Millionen von Kindern im Mutterleib getötet werden. – Die Brutalität, mit der auf den Straßen Jugendliche zusammengeschlagen werden. – Die Gemeinheit, mit der von den Betrieben Gift in die Luft geblasen wird.

Und es wird dann nicht nur um Umweltverschmutzung und Tötung im großen Stil gehen. Es wird auch um die paar Minuten gehen, die wir täglich sinnloserweise den Wasserhahn laufen und das Licht brennen lassen. Im Gericht wird Jesus mit entnervender Sturheit auf lauter Kleinigkeiten herumreiten, die nach unseren Begriffen in gar keinem Verhältnis stehen zu der Sache, um die es geht.

Es geht um das endgültige Urteil über uns, um ewige Verdammnis oder ewiges Leben, und da wird fortwährend über so eine Kleinigkeit wie ein Glas Wasser verhandelt. Das liegt aber daran, daß Gott sich nicht mit der Behauptung »ich glaube« begnügt, sondern diese summarische Behauptung wird in allen Kleinigkeiten nachgeprüft. Und nur wenn die einzelnen Posten stimmen, stimmt auch die Endsumme.

Denken Sie nicht, daß Gott sich mit einem großartigen Schein-Glauben zufrieden gibt. Er prüft unsere Lebensrechnung durch bis auf den letzten Posten und sieht nach, ob unser »Kapital an Nächstenliebe« noch für den geringsten unserer Mitmenschen gereicht hat. Wenn nicht, dann stimmt unser ganzer Glaube nicht, dann werden wir von Gott ganz zurückgewiesen. Im Jüngsten Gericht gibt es nur Freispruch oder Todesstrafe, ewiges Leben oder ewige Verdammnis.

Wir sind für das ewige Leben bestimmt von Anfang an. Für jeden von uns ist ein Platz im Himmel vorbereitet.

Wollen Sie dorthin? Ist das Ihr Ziel? Haben Sie die Einladung schon angenommen? Wenn ja, wird Jesus zu Ihnen sagen: »Kommt her, ihr Gesegneten meines Vaters, erbt das Reich, das für euch vorbereitet ist von Anfang der Welt.«

Wenn Sie die Einladung in Gottes Reich ablehnen, wenn Sie nicht nach Gottes Willen leben wollen, kommen Sie in die Hölle. Dann wird Jesus zu Ihnen sagen: »Fort mit euch, ihr Verfluchten, ins ewige Feuer, das für den Teufel und seine Helfer bestimmt ist.«

Gott ist ganz sicher nicht daran interessiert, daß Sie oder irgend jemand dorthin kommen.

Viele stellen sich die Hölle so vor, wie sie Wilhelm Busch in der »Frommen Helene« gemalt hat: Da tanzen ein paar kleine Teufelchen um einen Kessel herum, unter dem ein Feuer brennt. Einer bringt gerade mit der Mistgabel die Seele von der Helene, und dann heißt es: »Huhu, haha, der heilige Franz ist auch schon da.«

Doch die Hölle ist kein Menschengrill, sondern selbstgewählte, selbstgewollte, selbstverschuldete Gottesferne.

Die Bibel beschreibt die Hölle so: »Jesus wird kommen, Vergeltung zu üben an denen, die Gott nicht kennen wollen, und an denen, die nicht gehorsam sind dem Evangelium unseres Herrn Jesus. Die werden Strafe leiden, das ewige Verderben, fern von dem Angesicht des Herrn und von seiner herrlichen Macht« (2Thess 1,9).

Als mein Vater noch lebte, habe ich ihn oft angerufen. Da passierte manchmal folgendes. Ich wählte seine Nummer, er meldete sich, und ich fing an zu reden: »Tag, Vater, wie geht's?«

Doch er fragte: »Ist da jemand?«

Ich antwortete: »Ja, hier bin ich, hörst du mich?«

Da sagte er: »Scheint niemand dran zu sein«, und legte auf.

Ich wählte wieder: »Tag, Vater . . .«

Er: »Hallo, ist da jemand?«

Ich brüllte: »Hallo, Vater, hier bin ich, Theo, hörst du mich?«

»Scheint niemand dran zu sein«, sagte er und legte auf.

Das ist ein Bild für Hölle. Ich weiß ganz genau: Mein Vater ist zu Hause. Er ist am Apparat. Ich höre seine Stimme, er ist wirklich da. Aber er hört mich nicht! Es gibt keine Verbindung! Ich kann schreien, so laut ich will, es geht nichts mehr!

Sehen Sie – das ist Hölle. Sie wissen ganz genau: Gott ist da. Aber sie können schreien, so laut Sie wollen – nach dem Tod ist alles zu spät, da geht nichts mehr. Deshalb ist es so wichtig, daß Sie sich jetzt entscheiden. Wenn Sie sagen: »Ich bleibe Atheist«, muß ich Ihnen sagen: »In der Hölle wird es keine Atheisten mehr geben. Denn die Hölle ist der Ort, von dem aus Sie Gott sehen müssen, aber nicht zu ihm hinkönnen. Die Hölle hat Fenster, aber keinen Ausgang.«

Fernseinmüssen von Gottes Angesicht für alle Ewigkeit, das ist die Qual, die wie Feuer brennt.

Im Grunde genommen trauen wir Jesus nicht zu, daß er zu irgend jemand sagt: »Zum Teufel mit dir.« Im Grunde genommen trauen wir Jesus diese Härte nicht zu – und das ist unser großer Irrtum! Denn die Härte des Gerichtsurteils ist die Folge unserer eigenen Hartherzigkeit.

Und jedes Verdammungsurteil wird Jesus einen Stich durch's Herz geben, denn er liebt uns von ganzem Herzen.

Deshalb warnt er uns ja. Eine Warnung ist keine Drohung. Eine Drohung kommt aus dem Haß und will Böses. Eine Warnung kommt aus der Liebe und will Gutes.

Jesus will, daß Ihr Ende gut wird! Er hat Sie lieb. Er will Sie vor der Verdammnis bewahren! Also wählen Sie, wo Sie hinwollen. Die Entscheidung, wo Sie die Ewigkeit verbringen, liegt bei Ihnen. Gott zwingt Ihnen nichts auf. Wenn Sie ohne Gott leben wollen – bitte. Wenn Sie Gottes Gebote übertreten wollen – Sie können es. Wenn sie ehebrechen, abtreiben, lügen wollen – Sie dürfen es. Wenn Sie in die Hölle laufen wollen – Sie dürfen es. Gott zwingt Sie zu nichts.

Er bietet Ihnen seine Vergebung und seinen Frieden an. Wenn Sie sagen: »Brauche ich nicht, will ich nicht«, dann akzeptiert er Ihre Entscheidung. Aber dann müssen auch Sie akzeptieren, daß Sie die Konsequenzen zu tragen haben.

In alle Ewigkeit ohne den Frieden mit Gott leben – das ist die Hölle.

Bei einer Party saß eine Gesellschaft um den Kamin, in dem ein Feuer brannte. Bei dem Gespräch kam man auch auf das Christentum. Ein Gast, ein Mann, der nicht an Jesus glaubte, sagte zu der Hausfrau: »Sie sagen, Sie glauben an Gott. Glauben Sie wirklich alles, was in der Bibel steht?«

»Ja.«

»Auch, daß die Toten auferstehen?«

»Ja.«

»Und daß, wer nicht an Gott glaubt, in die Hölle kommt?«

»Ja.«

Da stand der Mann auf, ging quer durch's Zimmer in die

Ecke, in dem ein Käfig mit einem Wellensittich war, nahm ihn raus und wollte ihn ins Feuer werfen. Darauf rief die Hausfrau entsetzt: »Sind Sie verrückt? Was soll das? Der arme Vogel!«

Da lachte der Mann: »Hören Sie mal, Ihnen tut schon das arme Tierchen leid und Ihr sogenannter Gott der Liebe feuert Millionen Menschen in die Hölle. Ein schöner Gott der Liebe!«

Einen Augenblick herrschte absolute Stille. Dann sagte die Frau: »Sie irren sich. Gott wirft niemanden in die Hölle. Da laufen die Menschen nur selber freiwillig hinein. Gott will, daß alle Menschen gerettet werden.«

Gott macht's möglich

Und Mose sprach zu dem Herrn: Siehe, du sprichst zu mir: Führe das Volk hinauf! und läßt mich nicht wissen, wen du mit mir senden willst, wo du doch gesagt hast: Ich kenne dich mit Namen, und du hast Gnade vor meinen Augen gefunden. Hab ich denn Gnade vor deinen Augen gefunden, so laß mich deinen Weg wissen, damit ich dich erkenne und Gnade vor deinen Augen finde. Und sieh doch, daß dies Volk dein Volk ist. Er sprach: Mein Angesicht soll vorangehen; ich will dich zur Ruhe leiten. Mose aber sprach zu ihm: Wenn nicht dein Angesicht vorangeht, so führe uns nicht von hier hinauf. Denn woran soll erkannt werden, daß ich und dein Volk vor deinen Augen Gnade gefunden haben, wenn nicht daran, daß du mit uns gehst, so daß ich und dein Volk erhoben werden vor allen Völkern, die auf dem Erdboden sind? Der Herr sprach zu Mose: Auch das, was du jetzt gesagt hast, will ich tun; denn du hast Gnade vor meinen Augen gefunden, und ich kenne dich mit Namen. Und Mose sprach: Laß mich deine Herrlichkeit sehen! Und er sprach: Ich will vor deinem Angesicht all meine Güte vorübergehen lassen und will vor dir kundtun den Namen des Herrn: Wem ich gnädig bin, dem bin ich gnädig, und wessen ich mich erbarme, dessen erbarme ich mich. Und er sprach weiter: Mein Angesicht kannst du nicht sehen; denn kein Mensch wird leben, der mich sieht. Und der Herr sprach weiter: Siehe, es ist ein Raum bei mir, da sollst du auf dem Fels stehen. Wenn dann meine Herrlichkeit vorübergeht, will ich dich in die Felskluft stellen und meine Hand über dir halten, bis ich vorübergegangen bin. Dann will ich meine Hand von dir tun, und du darfst hinter mir her sehen; aber mein Angesicht kann man nicht sehen. (2Mo 33,12-23)

Die Statistik beweist es uns heute mit kalten Zahlen: Die Massen verlassen die Kirche. Das Volk Gottes, das durch die Zeiten wandert, erlebt die große Abwanderung. Der verbliebene Rest stellt die Frage: Wie soll das weitergehen? Wie kann Gott mitgehen mit diesem abgefallenen, halsstarrigen Haufen, der doch nach wie vor sein Volk ist? Ist Gott überhaupt noch gegenwärtig und wie? Diese Fragen müssen nicht nur durchdacht und in der Kirche verhandelt, sie müssen vor allem durchbetet werden. So wie Mose das machte, als er in verzweifelter Situation der Verlorenheit vor Gott betete – und wie er betete! Nicht mit jener leidenschaftslosen Schlaffheit, die sich als Feierlichkeit ausgibt, sondern mit einer Leidenschaft, die ganz bedenklich über die agendarischen Stränge schlägt. Streng liturgisch geschulte Ohren vernehmen hier eine Gebetstonart, die an Unart grenzt, eine streckenweise geradezu respektlose Dreistigkeit, wie man sie sonst nur bei Kindern durchgehen läßt. Aber Mose geht es darum, bei Gott etwas durchzusetzen. Ohne gesetzte Rede. Deshalb redet er hier wie ein Kind, das seine Mutter drängelt. Er bedrängt Gott, er treibt ihn in die Enge, indem er ihm seine eigenen Versprechen vorhält: Du hast doch gesagt, daß ich das Volk führen soll – also sag mir jetzt auch, wie ich das machen soll. Du hast mir einen Engel versprochen – nun zeig mir mal, wer das ist. Du hast selber gesagt, daß du mich bei meinem Namen kennst, also dann hör dir jetzt auch an, was ich für Sorgen habe. Und bedenke: Ich bitte nicht für mich, sondern für dein Volk, dem du bestimmte Zusagen gemacht hast. Ich erinnere dich hiermit an deine eigenen Worte! – Mose nimmt Gott beim Wort. Er steht mit ihm auf du und du. Das Gebet ist immer der Prüfstein dafür, ob einer in persönlicher Gemeinschaft mit Gott lebt wie ein Kind mit dem Vater, ob einer Gott als Du, als Person oder als Es, als unpersönliches

Schicksal ansieht. Mose handelt, verhandelt, argumentiert, kämpft mit Gott. Zudringlich. Unnachgiebig. Unerhört? Mose wird erhört. Sogar dann, als er das Unmögliche verlangt: Laß mich dich doch sehen! Gott macht's möglich. Allerdings läßt er sich nur Inkognito sehen: für Mose von hinten, für die Apostel als der Mensch Jesus von Nazareth (»Wir sahen seine Herrlichkeit«), für uns als Brot und Wein (»Das ist mein Leib«) im Abendmahl. Unser Gott geht mit uns!

Nur Nachfolger

Und die Jünger traten zu ihm und sprachen: Warum redest du zu ihnen in Gleichnissen? Er antwortete und sprach zu ihnen: Euch ist's gegeben, die Geheimnisse des Himmelreichs zu verstehen, diesen aber ist's nicht gegeben. Denn wer da hat, dem wird gegeben, daß er die Fülle habe; wer aber nicht hat, dem wird auch das genommen, was er hat. Darum rede ich zu ihnen in Gleichnissen. Denn mit sehenden Augen sehen sie nicht und mit hörenden Ohren hören sie nicht; und sie verstehen es nicht. Und an ihnen wird die Weissagung Jesajas erfüllt, die da sagt (Jes 6,9-10): »Mit den Ohren werdet ihr hören und werdet es nicht verstehen; und mit sehenden Augen werdet ihr sehen und werdet es nicht erkennen. Denn das Herz dieses Volkes ist verstockt: ihre Ohren hören schwer, und ihre Augen sind geschlossen, damit sie nicht etwa mit den Augen sehen und mit den Ohren hören und mit dem Herzen verstehen und sich bekehren, und ich ihnen helfe.« Aber selig sind eure Augen, daß sie sehen, und eure Ohren, daß sie hören. Wahrlich, ich sage euch: Viele Propheten und Gerechte haben begehrt, zu sehen, was ihr seht, und haben's nicht gesehen, und zu hören, war ihr hört, und haben's nicht gehört. (Mt 13,10-17)

Das Zeugnis des Neuen Testaments ist keine Sammlung von Orakeln, sondern klares Evangelium. Inhalt: Gott liebt die Welt (Joh 3,16), er will nicht, daß irgendeiner verloren geht (2Petr 3,9), sondern daß alle gerettet werden (1Tim 2,4). Deshalb ist in Christus allen Menschen die heilsame Gnade Gottes erschienen (Tit 2,11). Die Aufforderung, sich mit Gott versöhnen zu lassen, ergeht an alle, deshalb schickt Christus auch seine Boten an alle (Mt 28,19). Es sind also alle zur Entscheidung aufgerufen, also tragen alle selbst die Verantwortung für Glauben oder Unglauben, also ist Unglaube Schuld. So wird es vom ganzen Neuen Testament bezeugt. Die Annahme, Jesus habe sich einer rätselhaften, verschlüsselten Redeweise bedient, weil er nicht von allen verstanden werden wollte, ist deshalb völlig unsinnig. Man kann wirklich nicht behaupten, Jesus habe einen komplizierten Redestil gehabt. Gerade seine Gleichnisse kann jeder, der sie einmal gehört hat, sofort nacherzählen. Auch heute ist die Sprache der Verkündigung kein Kauderwelsch, sondern von jedermann verstehbar. Trotzdem kann die Kirche ihre Botschaft nicht jedermann verständlich und plausibel machen. Auch wir machen die Erfahrung: Die gleiche Predigt bewirkt bei den einen Glauben, bei den andern nicht. Wenn es nicht am Redestil liegt, woran liegt es dann? Weil mit dem bloßen Zur-Kenntnis-Nehmen noch nichts getan ist. Das Wort Gottes will angenommen, will getan werden. Wenn jemand, sagt Jesus, den Willen Gottes tut, »der wird merken, ob diese Lehre von Gott ist« (Joh 7,17). Die Glaubenserkenntnis wächst mit der Praktizierung des Glaubens. Wer einmal ernst macht, hört und versteht immer mehr, denn es gibt im geistlichen Leben keinen Stillstand. Wo geistliche Gaben gegeben sind, wird immer Neues dazugeschenkt. Wer die Gabe, wer Gottes Angebot ablehnt, wer nicht verstehen will, versteht immer weniger. Nichtsehen, Nichthören, Nichtverstehen ist Schuld, ist absichtliche Entscheidung gegen Gott.

Es kann einer tausend Predigten aufmerksam hören und dabei die gesamte christliche Lehre kennenlernen, ohne zum Glauben zu kommen. Zuschauer begreifen nichts von Jesus; Mitläufer noch weniger. Nur Nachfolger, also Leute, die nicht stocksteif bleiben, wenn sie von Gott angesprochen werden. »Heute, so ihr seine Stimme hört, so verstockt euer Herz nicht.«

Klarer Fall

Wer unter euch hat einen Knecht, der pflügt oder das Vieh weidet, und sagt ihm, wenn der vom Feld heimkommt: Komm gleich her und setz dich zu Tisch? Wird er nicht vielmehr zu ihm sagen: Bereite mir das Abendessen, schürze dich und diene mir, bis ich gegessen und getrunken habe; danach sollst du auch essen und trinken? Dankt er etwa dem Knecht, daß er getan hat, was befohlen war? So auch ihr! Wenn ihr alles getan habt, was euch befohlen ist, so sprecht: Wir sind unnütze Knechte; wir haben getan, was wir zu tun schuldig waren. (Lk 17,7-10)

Ein Herr, dessen Einkommen um einiges höher liegt als das eines Kellners, speist im Hotel zu Abend. Der Herr bestellt, der Kellner bedient. Kommt ein Reporter und fragt den Herrn: »Wieso lassen Sie sich von dem Kellner bedienen?«

Antwort: »Das ist doch selbstverständlich.«

Klarer Fall. Fragt jetzt der Reporter den Kellner: »Wieso bedienen Sie diesen Herrn?«

Antwort: »Das ist doch selbstverständlich.« Klarer Fall. Über klare Fälle schreibt man keine Reportagen; von Selbstverständlichkeiten wird kein Aufhebens gemacht. Eine Reportage würde sich erst lohnen, wenn der Kellner den Herrn unfreundlich, mürrisch oder gar nicht bedient hätte. So was soll ja vorkommen; vielleicht nicht gerade bei den Kellnern eines Hotels, aber jedenfalls bei den Dienern Gottes (übrigens: jeder Getaufte ist einer). Da ließen sich so allerhand Reportagen schreiben, z.B. über die Christen, die Gott nach dem Terminkalender dienen (sonntags 9-10), oder die Kirche, was beim Einsammeln der Kollekte herauskommt, als religiöse Bedürfnisanstalt betreten (»Benutzungsgebühr 10 Pfennig«).

Das sind relativ harmlose Fälle gegenüber denen, die für jeden Handgriff einen Extradank erwarten – einmal Staubwischen in der Kirche erfordert mindestens ein persönliches Dankkärtchen des Pfarrers, vom fetten Pluspunkt beim lieben Gott ganz zu schweigen. Aber die Rede vom lieben Gott und die pausenlose Predigt von der Gnade verführt zur Faulheit. Die Faulheit der evangelischen Christenheit im Mutterland der Reformation in Sachen Mission ist eine statistisch nachweisbare Tatsache, die durch Erfolgsmeldungen von ein paar tausend Heidentaufen nicht zu verdecken ist. Und der fehlende Nachwuchs diakonischer Kräfte signalisiert einen Sturz des Glaubensbarometers, der ein bedenkliches Erkalten der Dienstgesinnung anzeigt.

Glauben heißt: Im Dienst Gottes stehen. Wie kommt es, daß das, was wir in jeder Kneipe und in jedem Dienstverhältnis für selbstverständlich halten, in der Kirche und im Verhältnis zu Gott nicht selbstverständlich ist? Weil wir nicht mehr verstehen, wer Gott ist und wer wir selbst sind. Gott ist der Herr, der befiehlt, und wir haben zu gehorchen. Welcher Christ kann sagen: Ich habe alles getan? Und selbst wer das sagen könnte (was unmöglich ist), hätte kein Recht, daraus irgendwelche Forderungen an Gott abzuleiten. Denn was wir tun, ist in jedem Fall nur das, was Gott von uns gefordert hat. Von Selbstverständlichkeiten braucht nicht gesprochen zu werden. Klarer Fall?

Gott unter den Dornen

Mose aber hütete die Schafe Jitros, seines Schwiegervaters, des Priesters in Midian, und trieb die Schafe über die Steppe hinaus und kam an den Berg Gottes, den Horeb. Und der Engel des Herrn erschien ihm in einer feurigen Flamme aus dem Dornbusch. Und er sah, daß der Busch im Feuer brannte und doch nicht verzehrt wurde. Da sprach er: Ich will hingehen und die wundersame Erscheinung besehen, warum der Busch nicht verbrennt. Als aber der Herr sah, daß er hinging, um zu sehen, rief Gott ihn aus dem Busch und sprach: Mose, Mose! Er antwortete: Hier bin ich. Gott sprach: Tritt nicht herzu, zieh deine Schuhe von deinen Füßen; denn der Ort, darauf du stehst, ist heiliges Land! Und er sprach weiter: Ich bin der Gott deines Vaters, der Gott Abrahams, der Gott Isaaks und der Gott Jakobs. Und Mose verhüllte sein Angesicht; denn er fürchtete sich, Gott anzuschauen. Und der Herr sprach: ich habe das Elend meines Volks in Ägypten gesehen und ihr Geschrei über ihre Bedränger gehört; ich habe ihre Leiden erkannt. Und ich bin herniedergefahren, daß ich sie errette aus der Ägypter Hand und sie herausführe aus diesem Lande in ein gutes und weites Land, in ein Land, darin Milch und Honig fließt, in das Gebiet der Kanaaniter, Hetiter, Amoriter, Perisiter, Hiwiter und Jebusiter. Weil denn nun das Geschrei der Israeliten vor mich gekommen ist und ich dazu ihre Not gesehen habe, wie die Ägypter sie bedrängen, so geh nun hin, ich will dich zum Pharao senden, damit du mein Volk, die Israeliten, aus Ägypten führst. (2Mo 3,1-10)

Mose steht seit 40 Jahren auf dem Abstellgleis. So dramatisch und vielversprechend sein Leben anfing, so eintönig schleppt es sich jetzt dahin. Sein erster temperamentvoller Versuch, auf eigene Faust seinem leidenden Volk zu helfen, war - wie jeder blutige Gewaltakt - ein Fehlschlag. Mose mußte untertauchen.

Der vom Findelkind zum Pharaonenzögling aufgestiegene zornige junge Mann muß als Flüchtling in die Einsamkeit der Wüste. Einer der bedeutendsten Männer der Weltgeschichte, für den in Ägypten soviel für die Befreiung seines geknechteten Volkes zu tun wäre, vergeudet seine besten Jahre als Schafhirt.

Die weite Wüste hat einen engen Horizont, und wer dort 40 Jahre lang Vieh gehütet hat, erwartet nicht mehr viel vom Leben.

Aber Gott hat Mose nicht vergessen, er hat ihn nur einen Umweg geführt, aber erwartet noch viel von ihm, und als Mose ganz ruhig geworden ist, beginnt Gott zu reden. Nachdem er ihn vier Jahrzehnte zum Abkühlen kaltgestellt hatte, tritt er ihm nun als Feuer entgegen: Mose sieht den brennenden Dornbusch.

Unerklärliche Sache - ein Busch, der brennt und nicht verbrennt.

Um auf den Busch zu klopfen, aus purer Neugier, geht Mose näher. Gott kann auch die Neugier für seine Zwecke benutzen. Vielleicht geht einer mal aus Neugier in die Kirche, um zu sehen, was das ist: etwas, das stirbt, ohne abzusterben, und wird dabei von Gott gepackt. So geht es hier Mose am Sinai. Vor dem Feuer, das zerstört, läutert und wärmt, wird aus dem Neugierigen ein Betroffener, aus dem kühl Beobachtenden ein Gerufener. Er wird bei seinem Namen gerufen und begreift: Hier geht es um mich, ich bin gemeint. Und Mose meldet sich zur Stelle: »Hier bin ich.«

Den Gott seiner Väter hatte er zwar schon gekannt, aber er war ihm noch nicht als dem lebendigen Gott begegnet.

Das Zeugnis der Väter, auch derer, die in der Bibel reden, überzeugt nicht völlig. Erst durch die persönliche Gotteserfahrung beginnt das Feuer des Glaubens zu brennen. Wann und wo einem Menschen diese Erfahrung geschenkt wird, liegt in Gottes Hand. Dem Mose offenbarte er sich am Berg Sinai. Inzwischen hat sich Gott noch an einem anderen Ort offenbart – auf dem Hügel Golgatha, unter der Dornenkrone des Gekreuzigten. Gott sucht man zwar nicht unter den Dornen, aber nur unter den Dornen ist er zu finden.

Wovon der Verstand nichts versteht

Zu der Zeit fing Jesus an und sprach: Ich preise dich, Vater, Herr des Himmels und der Erde, weil du dies den Weisen und Klugen verborgen hast und hast es den Unmündigen offenbart. Ja, Vater; denn so hat es dir wohlgefallen. Alles ist mir übergeben von meinem Vater; und niemand kennt den Sohn als nur der Vater; und niemand kennt den Vater als nur der Sohn und wem es der Sohn offenbaren will. Kommt her zu mir, alle, die ihr mühselig und beladen seid; ich will euch erquicken. Nehmt auf euch mein Joch und lernt von mir; denn ich bin sanftmütig und von Herzen demütig; so werdet ihr Ruhe finden für eure Seelen. Denn mein Joch ist sanft, und meine Last ist leicht. (Mt 11, 25-30)

Wissen ist Macht. Wer wenig weiß, macht wenig Geld, hat wenig Geltung. Leistung ist Trumpf. Wer wenig leistet, kann sich wenig leisten. Was Gott sich leistet, widerspricht diesem Gesetz: Gott läßt sich von den »Armen im Geist« erkennen, von den »Unmündigen«, die sich vor lauter Komplexen oder Bescheidenheit oder, weil man ihnen den Mund zuhält, nicht wagen, den Mund aufzumachen, die nicht mitreden können, wenn die studierten Religionsfans über das absolute Sein fachsimpeln. Die Simplen sehen klar, wo die Fachleute Probleme wälzen. Die sonst alles wissen und verstehen, die aufgeblähten Monopolkapitalisten des Intellekts sehen von Gott nichts, begreifen von Gott nichts. Aber die Einfachen, die Einfältigen, ja auch die Unterbelichteten erkennen das Licht.

Alles wirklich Entscheidende ist so einfach, daß es ohne Gelehrsamkeit zu begreifen ist. Die Erkenntnis Gottes ist das Größte, was einem Menschen geschenkt werden kann, und von dieser Erkenntnis hängt Leben und Tod, hängt die Seligkeit ab. Dem logischen Verstand bleibt für immer verschlossen, was das heißt: »Ehre sei dem Vater durch den Sohn in dem Heiligen Geist.« Aber ein Kind kann das beten, und auch der gelehrteste Professor der Theologie kann die Tiefe des Trinitätsgeheimnisses nicht ausleuchten.

Nicht etwa, daß Gott keine gelehrten, klugen, gebildeten Leute brauchen könnte. Gott schließt niemanden aus, auch nicht die Intellektuellen, er wendet sich an alle: »Her zu mir alle!« Aber er wendet sich besonders an die Armen und Demütigen, die mit oder ohne Schuld im Schatten der Kulisse stehen, die im Welttheater keine Rolle spielen, für die keiner Reklame und um die jeder einen Bogen macht. Denen, die im Netz der Vorschriften und Richtlinien gefangen sind, die den Anordnungen und Anforderungen nicht gewachsen sind und deshalb mit einem schlechten Gewissen, Sorgen und Angst herumlaufen, bietet Gott Ruhe an.

Er ruft sie nicht zu sich, um mit ihnen gemeinsam die Misere des Lebens zu beklagen oder um ihnen alle Lasten abzunehmen. Im Gegenteil – er legt ihnen auch eine Last auf als hilfreiches Gegengewicht gegen alles, was das Leben so unerträglich und schwer macht. Ein Joch ist ein Arbeitsgerät, es gehört in den Alltag. Es ist dazu da, um eine Last leichter tragbar zu machen. Dem Hochmütigen, dem geistlichen Snob, ist das Joch Christi unerträglich, weil es die Form eines Kreuzes hat, und für ihn ist das Kreuz eine Torheit. Dem Demütigen aber ist es eine Gotteskraft.

Schwarzweißmalerei

Jesus aber rief: Wer an mich glaubt, der glaubt nicht an mich, sondern an den, der mich gesandt hat. Und wer mich sieht, der sieht den, der mich gesandt hat. Ich bin in die Welt gekommen als ein Licht, damit, wer an mich glaubt, nicht in der Finsternis bleibe. Und wer meine Worte hört und bewahrt sie nicht, den werde ich nicht richten; denn ich bin nicht gekommen, daß ich die Welt richte, sondern daß ich die Welt rette. Wer mich verachtet und nimmt meine Worte nicht an, der hat schon seinen Richter: Das Wort, das ich geredet habe, das wird ihn richten am Jüngsten Tage. Denn ich habe nicht aus mir selbst geredet, sondern der Vater, der mich gesandt hat, der hat mir ein Gebot gegeben, was ich tun und reden soll. Und ich weiß: sein Gebot ist das ewige Leben. Darum: was ich rede, das rede ich so, wie es mir der Vater gesagt hat. (Joh 12,44-50)

Schwarzweißmalerei ist unbeliebt. Sie ist zu vereinfachend, die Konturen sind zu hart, es fehlen die gedämpften Zwischentöne. Kein Platz für Nuancen, keine Gelegenheit für »sowohl – als auch«, für »wenn und aber«. Kein Wunder, daß Jesus unbeliebt ist. Denn was er hier tut, ist Schwarzweißmalerei in krassester Form, dick aufgetragen, gröbste Vereinfachung einer komplizierten Welt mit tausend Formen, Geistern, Kulturen, Religionen und Schicksalen.

Die ganze Welt, die ganze Weltgeschichte wird auf eine einzige Formel gebracht: Licht und Finsternis. Ohne Rücksicht auf Rasse, Klasse, Bildung und Stellung wird die gesamte Menschheit in zwei Gruppen geteilt: eine, die zum Licht gehört, und eine, die zur Finsternis gehört. Wenn das keine Schwarzweißmalerei ist! Aber es kommt noch toller:

»Ich«, sagt Jesus, der junge Mann aus Nazareth, »ich bin das Licht der Welt.« Und das heißt: Die ganze Welt samt ihren klugen Köpfen und Gelehrten, samt ihrer Kunst und glänzenden Leistungen ist ohne mich Finsternis. Ist das nicht Arroganz, Vermessenheit, so zu reden? Wo bleibt da die Toleranz?

Jesus ist nicht gekommen, um in gedämpften Tönen Toleranz zu predigen, sondern um eindeutig vor die Entscheidung zu stellen: Licht oder Finsternis. Gegenüber Licht und Finsternis gibt es nur Liebe oder Haß, und Jesus ist in die Welt gekommen, um zur Liebe aufzurufen. Er ist gekommen, um zu retten, nicht, um zu richten; sein Kommen als Weltrichter steht noch aus. Bis dahin ist Heilszeit, Zeit, sich heilen zu lassen; und wer die Worte von Jesus überhört, verurteilt sich selber zum Unheil. Jesus kann so reden und seinem Wort so unvergleichliches Gewicht beimessen, weil er nicht von sich selber aus redet, sondern im Auftrag Gottes. In der Begegnung mit Christus ist es nicht möglich, erkenntnismäßig zwischen ihm und dem Vater zu unterscheiden. Vater und Sohn sind eins, zwischen ihnen steht nichts, und selbst das »und« im Glaubensbekenntnis (»und an Jesus Christus ...«) ist schon zuviel, wird der innigen Verbindung nicht gerecht.

Christus ist das der Welt zugewandte Gesicht Gottes, das Wort, das Gott der Welt sagt, die Hand, die das Geschick der Welt lenkt. Was er sagt, ist Gottes Wort, was er tut, Gottes Werk, wer an ihn glaubt, glaubt an Gott. Hier ist wirklich Gott selber unter uns erschienen.

Aberglaube? Bei uns nicht!

Er hat die Mächte und Gewalten ihrer Macht entkleidet und sie öffentlich zur Schau gestellt und hat einen Triumph aus ihnen gemacht in Christus. (Kol 2,15)

Es war bei einer Evangelisation in einer Großstadt. Ich hatte das Thema »Aberglauben und Okkultismus« berührt. Am nächsten Tag saßen wir in kleiner Runde im Pfarrhaus zusammen. Der Pfarrer fragte mich, wie ich dazu käme, über so ein Thema zu sprechen. Ich würde damit die Leute nur unnötig aufmerksam machen. In seiner Stadt gäbe es das alles nicht.

Ich fragte ihn, ob er nie in der Seelsorge mit diesen Dingen zu tun hätte? Nein, sagte er, bei uns gibt es so etwas nicht. Da erzählte seine Frau, daß in der Klasse ihrer Jüngsten eine Schülerin gesagt hat, ihre Oma könne Warzen besprechen. Und eine andere Frau, die dabeisaß, erzählte, daß sie mit ihrer Freundin Karten lege und das dann an der Wirklichkeit überprüfe. Ich dachte, ich kippe aus den Latschen! Ich wandte mich an den Pfarrer: »Sie behaupten, hier gäbe es keine abergläubischen Menschen, und da sitzt die Kartenlegerin neben Ihnen auf Ihrem Sofa?«

Wie viele Menschen, auch Christen, verharmlosen den Aberglauben und gehen dadurch zum Teufel! Denn der Teufel nimmt auch das ernst, was wir bloß für Spaß halten. Aber jeder, der zu Jesus geht, kann erlöst werden.

Stille vor dem Start

So wahr der Herr, der Gott Israels, lebt, vor dem ich stehe: es soll diese Jahre weder Tau noch Regen kommen, ich sage es denn. (1Kön 17,1)

Mord und Totschlag, Ungehorsam gegen Gottes Gebot und Götzendienst herrschen bei den Herrschenden Israels. Den Gipfel der Gottlosigkeit bildet König Ahab. Er heiratet die heidnische Isebel und betet den Baal an. Schlimmer konnte es nicht kommen. Da tritt Elia auf. Ohne Voranmeldung kommt er in den Palast, ohne Vorsprüche zur Sache, ohne Vorwarnung zur Gerichtsankündigung: So wahr Gott lebt – ab jetzt ist Regenstop!

Mit dieser Art direkter Verkündigung riskiert er Kopf und Kragen. Woher hat der Mann sein Stehvermögen? Weil er vor Gott steht. Er war ein Mensch wie wir, er hatte den gleichen Gott wie wir. Wo liegt der Unterschied zwischen ihm und uns? Wir kommen aus der Hektik. Er kommt aus der Stille. Dort hat er auf Gott gehört, mit ihm geredet, ihm standgehalten, seinen Auftrag erhalten. Wer vor Gott steht, hinter dem steht Gott, wenn er vor Menschen und Machthabern steht. Dem steht Gott bei, dem bestätigt er sein Zeugnis. Die Stille vor Gott ist die Kraftquelle der Kinder Gottes. Du brauchst die Stille vor dem Start!

Die Mächtigen kommen und gehen, und auch jedes Denkmal fällt mal. Bleiben wird nur, wer auf Gottes Wort steht, dem sichersten Standpunkt der Welt.

Gewinnsüchtig

Ich bin allen alles geworden, damit ich auf alle Weise einige rette. (1Kor 9,22)

Paulus ist süchtig. Nicht nach Haschisch, Nikotin oder Koffein. Er ist gewinnsüchtig. Nicht nach Geld im Spiel oder in der Arbeit. Er hat eine Sehnsucht. Nicht nach fernen Ländern oder feinen Leuten. Seine Leidenschaft: Menschen gewinnen für Jesus. Es geht ihm nicht um das Auffüllen leerer Kirchenbänke und -kassen, sondern um das Erfüllen des Auftrags »Macht zu Jüngern alle Völker!« Es geht um Rettung! Das ewige Leben steht auf dem Spiel!

Wenn er den Auftrag nicht ausführt, gehen die anderen, die ohne Jesus sind, verloren. Wer das einmal erkannt und Jesus als Retter erfahren hat, kann nicht mehr seelenruhig zusehen, daß seine Mitmenschen nichts von Jesus wissen (heute mehr als die Hälfte der Weltbevölkerung). Dem Ziel, Menschen zu retten, ordnet Paulus alles andere unter, anpassungsfähig bis zum äußersten. Das Wischi-Waschi-Christentum, das allen nach dem Munde redet, kann sich aber nicht auf ihn berufen! Er hat bei aller Elastizität einen festen Standpunkt: Jesus ist der einzige Retter für alle. Alle müssen für ihn gewonnen werden. Welche Rolle spielt diese Gewinnsucht in unserem persönlichen und unserem Gemeindeleben?

Noch werden sie geladen, noch gehn die Boten aus,
um mit dem Ruf der Gnaden zu füllen dir dein Haus.
Es ist kein Preis zu teuer, es ist kein Weg zu schwer,
hinauszustreun dein Feuer ins weite Völkermeer.

Vatiunser

Darum sollt ihr so beten: Unser Vater im Himmel! Dein Name werde geheiligt. (Mt 6,9)

Wer ist Gott? Theologen haben abgewogene Definitionen formuliert, die man in dicken Lexika nachlesen kann. Philosophen haben sich ganze Systeme ausgedacht, die man oft nur schwer verstehen kann. Menschen aller Zeiten haben sich Gedanken gemacht, die man in vielen Religionen finden kann.

Jesus hat alles auf einen einzigen Punkt gebracht, über den man staunen und froh werden kann: Vater. Gott ist unser Vater! Darauf konnte kein Mensch kommen. Aber Jesus ist auf die Erde gekommen, um es uns zu sagen. Nur er konnte das, weil er der Sohn ist. Nur weil er uns lehrt, den allmächtigen Gott, den Herrn des Universums, mit »Vater« anzureden, ist das keine respektlose Vertraulichkeit, sondern Ausdruck vollsten kindlichen Vertrauens. Denn das Wort »abba«, das Jesus gebraucht, ist die Anrede des Kindes: Papa, Vati. So dürfen, so sollen wir Gott anreden!

Nur ein einziges Mal habe ich erlebt, wie jemand das tatsächlich so machte und in einer Gebetsgemeinschaft immer »Vati« sagte. Das entsprach dem Wortlaut der Bibel, aber nicht meinem Empfinden – vielleicht deswegen, weil es bei uns zu Hause nie »Vati«, sondern »Papa« hieß. Wegen dieser verschiedenen Traditionen in unseren Familien ist es gut, wenn wir in der Familie Gottes bei der traditionellen Anrede »Vater unser« bleiben und kein »Vatiunser« daraus machen. Wir sollen ja nicht nur wie Kinder, sondern auch wie Geschwister sagen: Unser Vater. Gekünstelte Kindlichkeit ist auch nicht besser als gestylte Steifheit! Außerdem gehört zu der innigen Vertraulichkeit der Anrede »Vater unser« der Zusatz »im Himmel«. Das deutet die Ehrfurcht an, die dem Vater gebührt, und macht unser beglücktes Staunen um so größer: Unser Vater und doch im Himmel; im Himmel und doch unser Vater.

Gott ist kein Gedanke,
Gott ist kein Prinzip,
Gott ist ja dein Vater,
Vater hat dich lieb!

Ein Ding der Unmöglichkeit

Und die Apostel kamen zurück und erzählten Jesus, wie große Dinge sie getan hatten. Und er nahm sie zu sich, und er zog sich mit ihnen allein in die Stadt zurück, die heißt Betsaida. Als die Menge das merkte, zog sie ihm nach. Und er ließ sie zu sich und sprach zu ihnen vom Reich Gottes und machte gesund, die der Heilung bedurften. Aber der Tag fing an, sich zu neigen. Da traten die Zwölf zu ihm und sprachen: Laß das Volk gehen, damit sie hingehen in die Dörfer und Höfe ringsum und Herberge und Essen finden; denn wir sind hier in der Wüste. Er aber sprach zu ihnen: Gebt ihr ihnen zu essen. Sie sprachen: Wir haben nicht mehr als fünf Brote und zwei Fische, es sei denn, daß wir hingehen sollen und für alle diese Leute Essen kaufen. Denn es waren etwa fünftausend Mann. Er sprach aber zu seinen Jüngern: Laßt sie sich setzen in Gruppen zu je fünfzig. Und sie taten das und ließen alle sich setzen. Da nahm er die fünf Brote und zwei Fische und sah auf zum Himmel und dankte, brach sie und gab sie den Jüngern, damit sie dem Volk austeilten. Und sie saßen und wurden alle satt; und es wurde aufgesammelt, was sie an Brocken übrigließen, zwölf Körbe voll. (Lk 9,10-17)

Es steht 5 zu 5000, also aussichtslos. Dazu muß man noch wissen, daß die Brote damals keine Vierpfünder waren, wie wir sie beim Bäcker kaufen, sondern flache Fladen. Und mit 5 solchen eierkuchenartigen Dingern und 2 Fischen will Jesus gegen den Hunger von 5000 Mann antreten? Ein Ding der Unmöglichkeit! Dieser Kampf ist von vornherein verloren. Bei dem bißchen wäre das ja nicht mal ein Bissen für jeden. Aber mehr haben die Jünger nicht. Doch das, was sie haben, geben sie. Und Jesus nimmt es an und macht etwas daraus. Er macht kein schiefes Gesicht: »Was soll ich mit den paar Krümeln? Damit kann ich keine Massenspeisung anfangen!« Sondern er hebt sein Gesicht zum Himmel, er erhebt die geringe Gabe zum Gegenstand eines Dankgebetes, und am Schluß werden 12 Körbe Brocken aufgehoben. Gesegnete Mahlzeit!

Auf einer Freizeit gab es die übliche Kirchennudelsuppe. Die hungrigen Jungs stierten schockiert auf die kleine Suppenterrine. Das soll reichen? Während der Pfarrer zum Tischgebet ansetzte, betete laut ein Junge: »Segne, Vater, diese Schüssel, daß wir satt werden von dem bissel.« Das war als Witz gemeint, aber es ist die aktualisierte, korrekte Kurzfassung des Berichts von der Speisung der Fünftausend.

Über das Wunder selbst sage ich nichts. Komme mir keiner mit rationalistischen Erklärungen! Ich bezeuge: Ich habe selbst in der Hungerzeit nach dem Krieg dieses Wunder erlebt. Wir waren zwar nicht 5000, sondern 5, und oft kamen noch Gäste. Die Kohlrübensuppe, in der zwei einsame Kartoffeln schwammen, war für unsere Familie nach Menge und Inhalt erbärmlich. Aber es reichte, weil Gott sich erbarmte! Gib Jesus das bißchen, das du draufhast, auch wenn es erbärmlich wenig ist. Er legt seinen Segen darauf, und es wird was daraus. Hingabe ist aussichtsreich!

Kein wolkenloser Himmel

Wer will uns scheiden von der Liebe Gottes? (Röm 8,35)

In einem Lied heißt es: »Niemals wird eine Wolke zwischen dir und Gottes Liebe sein.« Im Römerbrief steht es anders! Da wird uns nichts vorgeträllert von einem Christsein als Leben im Sonnenschein. Da wird uns nichts vorgegaukelt von einem wolkenlosen Himmel. Sondern da werden die Wolken genannt, die sich wie Wände zwischen Gottes Liebe und uns schieben.

Es sieht geradezu so aus, als ob sich alle Welt verschworen hätte, unseren Glauben zu verdunkeln. Es scheint überhaupt nichts zu geben, was uns nicht zur Gefahr werden könnte. Paulus nennt die größten Gegensätze: Tod und Leben, Hohes und Tiefes, Gegenwart und Zukunft – alles kann uns den Glauben rauben. Und wem heute noch Gottes Liebe hell und sichtbar scheint, der kann morgen schon im Finstern sitzen und sich an den Rätseln des Lebens wund reiben. Es gibt tausend Gründe, an Gottes Liebe zu zweifeln. Es gibt einen einzigen, es nicht zu tun: Christus. Auf den beruft sich Paulus, wenn er die Gegenmächte des Glaubens herausfordert: Wer will uns scheiden von der Liebe Gottes? Christus ist hier!

Wände voller Bücher

Dein Wort ist ganz durchläutert, und dein Knecht hat es lieb. (Ps 119,140)

Ich besitze eine Menge Bücher. Manche lese ich nie, manche manchmal, eins täglich: die Bibel. Sie ist die große Ausnahme, denn sie ist nicht Menschenwort, sondern Gotteswort. Und dieses Wort ist nicht nur manchmal wahr, sondern immer. Nicht nur an einigen Stellen, sondern an allen. Nicht nur am Sonntag, auch im Alltag. Nicht nur in besonderen Augenblicken, sondern für alle Zeit, für alle Fälle, für alle Menschen: ganz durchläutert. Und selbst wo die Bibel von der Sünde spricht, verfällt sie nicht in den schmierigen Ton, den andere Bücher bei diesem Thema haben.

Dabei spricht sie von der Sünde radikaler als jedes andere Buch. Sie kann sich die härteste Wahrheit leisten, weil sie die schönste Wahrheit zu bieten hat: die Liebe Gottes. Sie ist der rote Faden, der sich durch die ganze Bibel durchzieht. Ich kenne kein anderes Buch, das von der ersten bis zur letzten Seite die lautere Wahrheit sagt. Deshalb kann ich die Bibel mit gutem Gewissen jedem empfehlen. Wer dem Wort Gottes vertraut, hat einen Schatz zum Liebhaben.

In einem Kreis gläubiger und ungläubiger Studenten stellten wir uns einmal die Frage: Welche drei Bücher würdest du mitnehmen, wenn du lebenslang auf eine Insel verbannt würdest? Erste Erkenntnis: Wie zu erwarten, stand bei den Christen die Bibel an erster Stelle, darüber gab es keine Diskussion. Aber eine Diskussion entstand, als unerwarteterweise auch die Atheisten die Bibel an erster Stelle nannten. »Weil sie so dick ist.« »Weil sie soviel Stoff zum Nachdenken enthält.«

Weitere Erkenntnis: Beim zweiten Buch gab es noch eine schwache Übereinstimmung (meistens Goethes Faust), aber beim dritten hatte jeder was anderes. Ich hatte einen Gedichtband, der nächste Dostojewski usw. Also: Ab dem dritten Buch war's eigentlich egal, welches man nahm – sie waren alle gleichermaßen unwichtig. Und da bin ich erschrocken. Wände voller Bücher, Bände voller Wissen, der Ertrag der Menschheitsgeschichte – alles wichtig, aber nicht genug, wenn es darum geht, mit nur einem Buch ein Leben lang zu leben. Alles schön und gut, aber entbehrlich. Bis auf ein Buch. Das Buch. Die Bibel.

Kidnapperpreis

Denn ihr wißt, daß ihr nicht mit vergänglichem Silber oder Gold erlöst seid von eurem nichtigen Wandel nach der Väter Weise. (1Petr 1,18)

Auch in Kidnapperkreisen steigen die Preise. Sie verlangen immer mehr für ihre Gefangenen – Hunderttausende, ja Millionen. Wir alle sind Gekidnappte des Teufels. Seine Sklaverei ist mit keiner menschlichen Sklaverei zu vergleichen, mit keinem menschlichen Mittel zu beenden. Um aus seiner Gewalt befreit zu werden, reichen keine Millionen. Selbst der englische Kronschatz ist zu wenig, um auch nur einen einzigen Menschen zu erlösen.

Außerdem wird alles, was an Geld, Gold und Silber in den Banken und Tresoren dieser Welt gelagert ist, völlig wertlos sein, wenn diese Welt im Feuer vergeht. Dann gilt nur noch eine einzige Währung: das Blut von Jesus, dem ewigen Gottessohn. Das allein schafft eine ewige Erlösung. Jesus hat den Preis bezahlt. Anders und billiger ging es nicht. Jetzt gilt: Ihr seid teuer erkauft. Die Bibel sagt: Wißt! Seid euch dessen bewußt! Wir sollen wissende und gewisse Christen sein. Wir dürfen Heilsgewißheit haben. Unser Heil beruht nicht auf ungewissen, vagen Vermutungen, sondern auf solidem Wissen von einem soliden Preis.

Sind wir besser als die anderen?

Ich nicht. Etwa Sie? Dann sollten Sie sich sofort hinsetzen und aufschreiben, wann und wieso Sie besser sind, und das zur Veröffentlichung anbieten. Aber ich nehme an, so einen Artikel oder ein Buch werden wir nie zu lesen kriegen.

Viele werden meinen, besser zu sein als andere. Aber niemand wird so dreist sein, uns das schwarz auf weiß von sich selber zu bescheinigen. Warum nicht? Weil es einfach nicht stimmt.

Also ich bin jedenfalls nicht besser als die anderen, und bei Mitchristen habe ich das bisher auch nicht gerade feststellen können. Im Gegenteil: Christen sind in ihrer Arbeit genauso lässig und schludrig wie andere, es gibt unter ihnen genauso Streit, Neid, Hintenherumgerede, Faulheit, Kleinlichkeit usw. wie bei anderen. Der Unterschied ist nur, daß die Christen dauernd von Brüderlichkeit, Nächstenliebe und Gemeinschaft reden, während manche Nichtchristen nicht so große Sprüche »kloppen«, dafür aber eine bessere Hausgemeinschaft haben. Das ist eine objektive Feststellung, aber niemand sollte subjektiv von sich feststellen, er wäre besser als andere. Zu so einer Feststellung kann man nur kommen, wenn man sich mit anderen vergleicht, also wenn man den anderen richtet; denn wenn ich besser bin, muß der andere logischerweise schlechter sein, und dieses Richten ist schon wieder schlecht (Mt 7,1). Machen wir Schluß mit dieser Besserwisserei, geben wir lieber mit dem Apostel Paulus zu: »Das Gute, das ich will, das tue ich nicht; sondern das Böse, das ich nicht will, das tue ich« (Röm 7,19).

Tun Sie immer das Gute, das Sie wollen, das Sie sollen? Manchmal, hoffentlich. Vielleicht sogar sehr oft. Aber –

immer? Und selbst wenn es Ihnen immer gelungen sein sollte, dann gilt für Sie immer noch, was Jesus sagt: »Wenn ihr alles getan habt, was euch befohlen ist, so sprechet: Wir sind unnütze Knechte« (Lk 17,10). Von »Wir sind gut« oder gar »Wir sind besser« ist bei Jesus keine Rede. Aber daß wir besser dran sind, davon ist bei Jesus die Rede: Wir dürfen mit unserem unvollkommenen, falschen Leben, mit unserer Schuld und unserem Versagen zu ihm kommen. Er macht uns frei von der Heuchelei, uns und anderen etwas vorzuspielen, was nicht Fakt ist. Er erlaubt uns, unsere Sünden zuzugeben, bei ihm abzugeben. Er will sie uns vergeben. Und das ist besser, als mit unserem angeblichen Bessersein anzugeben. Ich kann meine Gedanken zu dem Thema nicht besser ausdrücken als mit folgendem Lied (das auf die Beatles-Melodie ›Yellow Submarine‹ zu singen ist):

Besser sind wir nicht, aber besser sind wir dran.
Jesus macht uns frei, fängt neu mit uns an.

In dem Leben, das man führt,
da ist vieles, was Gott stört.
Wie der Mensch nun einmal ist,
macht er Fehler – auch der Christ.

Manche bilden sich zwar ein,
würden etwas Bess'res sein.
Denken, weil sie sich bekehrt,
sind sie mehr als andre wert.

Auch der größte Glaubensheld
machmal in die Tiefe fällt.
Und wer denkt, er ist perfekt,
hat sich selbst noch nicht entdeckt.

Auch bei uns ist manchmal Krach.
Auch bei uns wird mancher schwach.
Vieles ist bloß frommer Schein.
Vieles könnte besser sein.

Häufig ist ein Atheist
sehr viel besser als ein Christ.
Doch der Christ ist besser dran,
nimmt er die Vergebung an.

Ist die Schuld auch noch so groß.
Jesus macht uns davon los.
Wir sind frei, auch im Gericht.
Etwas Bess'res gibt es nicht.

Vergebung – jetzt und sofort

Und siehe, da brachten sie zu ihm einen Gelähmten, der lag auf einem Bett. Als nun Jesus ihren Glauben sah, sprach er zu dem Gelähmten: Sei getrost, mein Sohn, deine Sünden sind dir vergeben. Und siehe, einige unter den Schriftgelehrten sprachen bei sich selbst: Dieser lästert Gott. (Mt 9,2-3)

Hier treffen wir Jesus bei seinem Hauptwerk an: Er vergibt Sünden. Da wir das schon tausendmal gehört und gelesen haben, haben wir uns daran gewöhnt. Damals aber schlug dieser Satz ein wie eine Bombe; und für den, den er heute ins Herz trifft, sprengt er die schwersten Ketten. Denn auch heute hat Jesus die gleiche Macht wie damals. Auch heute geht es um die gleiche Frage wie damals: Ist er nur ein Mensch oder ist er der Menschensohn, also der von Daniel geweissagte Messias, der Sohn Gottes?

Was glaubst du? Jesus sah den Glauben der Leute, die den Kranken brachten. Er sah die Gedanken der Pharisäer, und er sieht auch in dein Herz. Egal, welche Sünden dich belasten, wie alt und groß sie sind; egal, wer und wo du bist und zu welcher Tageszeit du das liest – jetzt, auf der Stelle, bring deine Sünde zu Jesus. Jetzt, auf der Stelle, will er sie dir vergeben, wird er sie dir vergeben. Das darf ich dir in seinem Namen versichern.

Stimmt es wirklich, daß du ohne Gott gut auskommst? Es ist nicht schon Leben, weil du das so nennst. Wahres Leben fängt erst an mit der Vergebung all deiner Schuld.

Tour vermasselt?

Hoffen wir allein in diesem Leben auf Christus, so sind wir die elendesten unter allen Menschen. Nun aber ist Christus auferstanden von den Toten als Erstling unter denen, die entschlafen sind. Denn da durch einen Menschen der Tod gekommen ist, so kommt auch durch einen Menschen die Auferstehung der Toten. Denn wie sie in Adam alle sterben, so werden sie in Christus alle lebendig gemacht werden. Ein jeder aber in seiner Ordnung: als Erstling Christus; danach, wenn er kommen wird, die, die Christus angehören. Der letzte Feind, der vernichtet wird, ist der Tod. (1Kor 15,19-23.26)

»Nun aber ist Christus auferstanden von den Toten.« Dieser Satz ist wie ein Fanfarenstoß, der die Grabesstille der Todesnacht zerreißt. Wie ein Trompetensignal, das einem im Kampf zermürbten Heer den Sieg verkündigt. Wenn Paulus hier die Nachricht von der Auferstehung in die Welt hinaustrompetet, wollen wir uns heute auch von diesem Klang der Gewißheit Ohren und Herzen füllen lassen. Denn auch uns haben in dieser Zeit viele, die sich Christen nennen, in den Ohren gelegen mit der Behauptung, es gäbe weder eine Auferstehung noch ein ewiges Leben, es käme nur darauf an, mit Christus jetzt die Welt zu verändern usw.

Aber wenn unsere Hoffnung nicht weiter reicht als bis an den Rand dieses Lebens, gehören wir zu den »elendesten unter allen Menschen«, betrügen uns selbst und andere um die Hauptsache. Paulus will mit seinem Fanfarenstoß allen Unglauben, allen Zweifel, alle engstirnige Diesseitigkeit beiseite blasen: »Nun aber ist Christus auferstanden.«

An diesem »ist« hängt die Hoffnung der Welt, die unter dem Gesetz des Todes leidet.

Um das Letzte, die Auferstehung, zu verstehen, müssen wir retour zum ersten Menschen, zu Adam, gehen. Der hat uns die Tour vermasselt. Den Massen aller Menschen, die jemals lebten und leben werden, hat er ein böses Erbe hinterlassen: den Tod. Auch wir alle werden sterben, denn wir sind alle Adamskinder. Die Frage ist: Sind wir auch Gotteskinder? Dann sieht nämlich alles ganz anders aus. Denn dann bekommen wir ein ganz anderes Erbe: das ewige Leben. Sterben müssen wir zwar auch als Gotteskinder, aber wir »werden in Christus alle lebendig gemacht werden«.

Die Friedhofsordnung ist nicht die letzte Ordnung, der wir unterliegen. Sie wird abgelöst durch Gottes Auferstehungsordnung: als erstes die Auferstehung von Christus, »danach die Christus angehören«.

Verstand und Widerstand

Die Toren sprechen in ihrem Herzen: »Es ist kein Gott.« (Ps 14,1)

Viele Nächte führe ich viele Gespräche mit vielen jungen Menschen. Sie sind als Atheisten erzogen und fest davon überzeugt: »Es gibt keinen Gott.« Die wenigsten von ihnen sind verbissene, kämpferische Agitatoren. Die meisten sind kluge, suchende, nachdenkliche, oft liebenswerte Menschen. Sie haben die gleichen Fragen (Wie kann Gott Leid zulassen?) und die gleichen Argumente (Ich glaube nur, was ich sehen und prüfen kann). Ihre intellektuellen Bedenken sind ernstzunehmen.

Aber sie sind nicht das eigentliche Glaubenshindernis. Es handelt sich ja bei der Torheit des Unglaubens nicht um einen Fehler im Gehirn, sondern im Herzen. Dort sitzt der Widerstand, nicht im Verstand. Also muß man sich bemühen, von der Diskussion auf der Verstandesebene zum Zeugnis auf der Herzensebene zu kommen. Diskussionen in der großen Runde haben eine natürliche Grenze. Sie verhindern, persönlich zu werden. Der Glaube ist aber keine Denksache. Jesus ist eine Person und will persönlich aufgenommen werden.

An die Leine gelegt

Er hat die Mächte und Gewalten ihrer Macht entkleidet und sie öffentlich zur Schau gestellt und hat einen Triumph aus ihnen gemacht in Christus. (2Kol 2,15)

Nach einem Sieg veranstalteten die römischen Feldherren einen Triumphzug. Um dem Volk Wirklichkeit und Größe des Sieges anschaulich zu demonstrieren, führten sie die Besiegten durch die Straßen. Aller Macht und Würde entkleidet, mußten sie hinter dem Siegeswagen mopshaft an der Leine trippeln.

Mit dieser öffentlichen Zurschaustellung vergleicht Paulus das Handeln Gottes an seinen Feinden. Das Kreuz ist das sichtbare Zeichen seines Sieges über die widergöttlichen Mächte. Jesus hat sie durch seinen Tod entwaffnet. Jetzt können sie zwar noch beißen und kläffen, aber sie sind gebunden. Jesus hat sie an der Leine. Wir haben heute oft den Eindruck, als hätten sich diese Mächte losgerissen. In der Welt scheint der Teufel loszusein. Die Mächte des Okkultismus und des Aberglaubens sind mächtig auf dem Vormarsch. Aber ob sie uns nun verlocken oder bedrohen – sie sind von Gott durch Christus entwaffnet, entmächtigt, entlarvt. Wer im Siegeswagen Jesu sitzt, braucht sich nicht mehr zu fürchten.

Jesus ist kommen, der starke Erlöser,
bricht dem gewappneten Starken ins Haus,
sprenget des Feindes befestigte Schlösser,
führt die Gefangenen siegend heraus.
Fühlst du den Stärkeren, Satan, du Böser?
Jesus ist kommen, der starke Erlöser. (EKG 53,3)

Kein harmloses Spielzeug

Denn das Wort Gottes ist lebendig und kräftig und schärfer jedes zweischneidige Schwert, und dringt durch, bis es scheidet Seele und Geist, auch Mark und Bein, und ist ein Richter der Gedanken und Sinne des Herzens. Und kein Geschöpf ist vor ihm verborgen, sondern es ist alles bloß und aufgedeckt vor den Augen Gottes, dem wir Rechenschaft geben müssen. (Hebr 4,12-13)

Vor Gott ist kein Versteckspiel möglich. »Alles ist nackt und aufgedeckt vor Gottes Augen.« Was Luther mit »aufgedeckt« übersetzt, ist im Griechischen ein Bild: Dem zur Schlachtung bestimmten Tier wird der Kopf zurückgebogen, damit die Halsschlagader für den tödlichen Schlag offen liegt.

Gott will uns nicht an den Kragen. Aber er will uns treffen. An unserer empfindlichsten Stelle. Eine zweischneidige Rasierklinge, am zurückgebogenen Hals angesetzt, ist kein harmloses Spielzeug. Gottes Wort, in unser Leben gesprochen, auch nicht. Das oberflächliche Überfliegen des Verses entschärft das zweischneidige Schwert zur stumpfen Klinge. Die leicht-fertige Handhabung der Bibel (schnell gefertigte Predigten und Ansprachen) hat mit Verkündigung von Gottes Wort nichts zu tun. Das kirchliche Kontingent an »trostreichen Worten« scheint unerschöpflich. Nur ja niemandem zu nahe kommen! Nur keinem weh tun! Nur nicht scharf werden!

Wo nur sanft die frommen Seelen gestreichelt werden, auf daß die Gemeinde beruhigt-behaglich schnurrt, handelt es sich um Kanzel-Gelaber, nicht um Wort Gottes. Das ist nicht einschläfernd, sondern einschneidend. Das haut durch, dringt durch alle religiösen Wattepolster und ideologischen Betonwände, mit denen wir uns vor Gottes Zugriff zu schützen versuchen. Es erbaut nicht bloß, sondern stellt uns bloß. Diese bis ins innerste Mark gehende Bloßstellung tut weh. Sie macht uns unsere Stellung vor Gott klar: Verlorene Sünder sind wir, Todeskandidaten. Aber ohne den scharfen Schmerz der Sündenerkenntnis gibt es nicht den süßen Trost des Evangeliums. Nur wer erkennt, daß er ein verlorener Sünder ist, kann Jesus als seinen Retter annehmen.

Wo das verkündigt wird, kommt es zwangsläufig zur Ent-Scheidung.

Ein Schwert, das schneidet, scheidet. Gottes Wort, schärfer als ein zweischneidiges Schwert, führt zu zwei Reaktionen: Umkehr oder Abkehr. Jede Predigt, die wir hören, bringt uns Gott entweder näher oder entfernt uns von ihm.

Das Leben genießen

Es war einmal ein Pfarrer, der betrat die Kanzel mit ernstem Gesicht. Man sah ihm gleich an: Er hatte einen schweren Tag hinter und einen schweren Text vor sich. Schwerfällig war sein Tonfall, unbewegt seine Miene, gleichbleibend seine Stimme, lehrhaft seine Rede; wie bei einem, der auszog, die Langeweile zu lehren. Er sprach über das Thema »Die Freude«. Ungefähr an so einen merkwürdigen Vertreter des Christentums muß Friedrich Nietzsche geraten sein und an diesen gedacht haben, als er sagte: ». . . erlöster müßten mir die Christen aussehen.« Er hatte recht. Es gibt kein Buch der Weltliteratur, in dem das Wort »Freude« so oft vorkommt und eine so wichtige Rolle spielt, wie die Bibel, auf die sich die Christen berufen.

Warum ist dann aber bei so vielen Christen so wenig von der ständig behaupteten Freude zu spüren? Das kann nur daran liegen, daß sie blind sind für das, was Gott getan hat, was Gott tut, was er tun wird. Er hat uns das neue Leben geschenkt, er hat unser irdisches Leben in der Hand. Er verheißt uns das ewige Leben. Wer das erkannt hat, besitzt eine unzerstörbare Freude und »kann nicht traurig sein«, auch wenn er den unvermeidlichen Zerstörern der Freude begegnet – Leid, Krankheit und Tod.

Es kommt nicht darauf an, daß wir mit einem »sonnigen Gemüt«, als ewige Sonnyboys, ständig gute Laune haben und »immer nur lächeln«, sondern daß wir als Kinder Gottes sagen können: »In dir ist Freude in allem Leide.«

Fröhlich sein, wenn alles »in Butter ist«, ist keine Kunst. Und eine fröhliche Miene machen, wenn uns das Leben böse mitspielt, ist meistens Krampf. Besser ehrlich geheult als heuchlerisch gelächelt. Schließlich gehört auch die Traurigkeit zum Leben. Aber sie kann unser Leben nicht mehr bestimmen, nur noch beeinflussen, wenn wir wissen: Unser Leben gehört Gott. Und zum Leben gehört es, fröhlich zu sein, ebenso wie es zum Leben gehört zu hoffen.

Freude und Hoffnung gehören zusammen. Der Mensch kann nicht leben, ohne etwas zu haben, auf das er sich freuen kann. Freude ist, wie Paulus sagt, eine »Frucht des Geistes« (Gal 5,22). Und da unser vergänglicher Leib ein »Tempel« des Heiligen Geistes ist, sind wir auch von den vergänglichen Freuden dieser vergänglichen Welt nicht ausgeschlossen. Ich bin sogar davon überzeugt, daß niemand die irdischen Freuden besser genießen kann als der Christ, der seine Hoffnung auf die Ewigkeit setzt.

Die anderen Menschen können das nicht so gut wie wir. Sie sind der Meinung, mit dem Tod ist Schluß, dann kommt nichts mehr. Also müssen sie vorher alles mitnehmen, solange noch die Zähne und die Leber und die Galle mitmachen. Diese Menschen sagen sich: Was ich jetzt nicht bekomme, kriege ich niemals. Deshalb laufen sie gierig und süchtig den Freuden dieser Welt hinterher, deshalb schaufeln und schütten sie in sich hinein, was das Zeug hält. Und je näher sie dem Tod kommen, um so weniger Freude haben sie, um so schiefer hängt das Maul, um so bitterer werden sie.

Bei uns Christen ist das anders. Für uns sind alle irdischen Freuden Ankündigungen der Freuden, die in Gottes Ewigkeit auf uns warten. Und deshalb können wir die irdischen Freuden unbefangen genießen, weil wir wissen, es kommt noch etwas viel Besseres. Es kommt Jesus, um uns abzuholen zu dem großen Hochzeitsfest. Wer Jesus nicht kennt, kann den Hals vollkriegen und wird doch nicht satt.

Wer Jesus aber kennt, kann das Leben genießen, ohne dem Vergänglichen nachzutrauern, weil er weiß: in Gottes Ewigkeit geht es erst einmal richtig los. Auf der Hochzeit zu Kana hat Jesus für einen Moment zeichenhaft angedeutet, was bei ihm, dem Freudenmeister, alles möglich ist. Wenn wir einmal in seinem Reich sind, wird er uns die ganze Freude erleben lassen. Dann wird unser Mund voll Lachen sein.

Herein!

Siehe, dein König kommt zu dir, ein Gerechter und ein Helfer. (Sach 9,9)

Das Sandmännchen, so hatte ich gehört, käme am 1. Advent 10 Uhr zur Eröffnung des Weihnachtsmarktes mit dem Hubschrauber. Da ich predigtfrei hatte, beschloß ich (um meiner Kinder willen, versteht sich), den Gottesdienst zu schwänzen und den Sandmann anzusehen. Das erste, was ich sah, war mein Amtskollege aus der Nachbargemeinde. Auch er schwänzte (um seiner Kinder willen, versteht sich) und wartete auf den Besuch aus dem Himmel.

Nachdem wir erst wie ertappte Schulschwänzer etwas betreten an unseren Nasen heruntergeguckt und entschuldigend auf die uns begleitenden Kinder gedeutet hatten, reckten wir unsere Nasen in den Himmel und guckten. Und da riß es uns plötzlich mit, als in die tausendköpfige Menge Bewegung kam: Er kommt! Alle Köpfe schwenken in die Richtung, aus der das Motorengeräusch zu hören ist. Angestrengtes Absuchen des Dächerhorizontes, und da: »Ich seh ihn!« »Da ist er!« Zwischen Schornsteinen und Antennen ein Punkt, der sich vergrößert, großes »Aaaah« aus allen Kehlen: Der Sandmann ist da, mit dem Hubschrauber. Donnernder Applaus, allgemeine Freude!

Wir heben unsere Kleinen von den Schultern und gukken uns an. »Mensch«, sagt der andere, »das war ein Advent! Das war richtig spannend! Das war echte Erwartung! Wie die Leute alle auf einen Punkt starrten! So ungefähr muß das gewesen sein, als Jesus in Jerusalem einzog.« Und dann sagte er nachdenklich: »So eine begeisterte Erwartungsstimmung müßten wir Christen eigentlich in unseren Adventsgottesdiensten haben.«

Freilich, wenn Jesus im Hubschrauber käme, da wäre bei uns auch was los. Aber bei uns kommt immer nur die alte Geschichte, daß er auf einem Esel gekommen ist. Was gibt es da schon zu sehen? Viel, wenn man genau hinsieht. Das muß man allerdings, und deshalb heißt das erste Wort zum 1. Advent, das erste Wort im neuen Kirchenjahr: Sieh! Mach deine Augen auf! Erkenne, bedenke, was da auf dich zukommt: ein König.

Zugegeben: Wir kennen heute Könige nur noch als Märchen- oder einflußarme politische Randfiguren. Aber das ist ja schon das erste, was es zu sehen gilt: Die Masse der Könige ist schon gegangen, und die paar übriggebliebenen leben samt allen ihren Vasallen im Zeichen des Gehens. Dein König nicht! Deiner ist im Kommen! Und das ist nun schon die nächste Besonderheit, die es wahrzunehmen, als Wahrheit anzunehmen gilt: Dein König kommt zu dir. Sonst lassen die Könige die Leute zu sich kommen in ihren Palast. Deiner nicht! Deiner kommt zu dir! In dein Zimmer, wo du zwischen einem Haufen Büchern hockst und für die nächste Prüfung büffelst. Wo du krank im Bett liegst und auf den Tod lauerst, an dem du auferstehen darfst. Wo du dich verkrochen hast, weil du es satt hast, weil man dich vergessen hat, weil du dich mit deiner Freundin zerstritten hast, weil du dich ungerecht behandelt, ausgebootet, leer fühlst, weil du Angst hast vor draußen, vor morgen. Du machst dir Sorgen, wie das alles wieder ins Lot kommen, wie das überhaupt mit dir weitergehen soll, ob du alles hinkriegen, schaffen, bezahlen kannst.

Ich bitte dich: Wach auf aus deinen düsteren Zukunftsträumen. Mach auf – deine Augen, dein Zimmer, dein Herz, dein Leben: Dein König kommt zu dir. Nimm diese Verheißung für dich in Anspruch, nimm das im Glauben an, nimm ihn auf! Es geht hier nicht um Dogmen, Theorien. Es geht um ihn, um Jesus. Es geht um deine Zukunft. Es geht ganz einfach darum, daß du dem König, der an deine Tür klopft, antwortest: Herein!

Ich habe nichts gegen das Sandmännchen. Aber ich habe eine Frage: Brauchst du einen, der dir Sand in die Augen streut? Oder brauchst du einen, der dir eine Perspektive, einen klaren Ausblick, eine Hoffnung für die Zukunft gibt? Dann mach Jesus die Tür auf, denn er kommt – nächste Besonderheit – als ein Gerechter. Also als einer, der zurechtbringen will, was bei dir durcheinander ist – deine Ehe, deine Finanzen, deine heimlichen Gedanken und unheimlichen Ängste, dein unaufgeräumtes Leben.

Er kommt ja – letzte Besonderheit dieses Königs – als ein Helfer. Sonst kommen Könige, um zu fordern, zu schröpfen. Deiner nicht! Deiner kommt, um zu helfen. Überlaß ihm deine Zukunft, dann wird deine Vergangenheit bewältigt und deine Gegenwart überwältigend schön.

Gott ist unterwegs zu dir. Daß Gott zu uns Menschen kommt, ist eine der entscheidenden Aussagen der Bibel. Das Neue Testament sagt noch mehr als das Alte: Er ist gekommen. Als ein Mensch. Also ist ihm nichts Menschliches fremd. Deine Wut, deine Sorgen, deine Versuchungen und Pleiten, das alles kennt dein König ganz genau. Es gibt keinen Zustand unseres Lebens, den er nicht ausgekostet hätte.

Gewöhnliche Könige sind gewöhnlich unwissend über die Probleme des kleinen Mannes. Deiner nicht! Deiner weiß, was bei dir los ist, und deshalb will er dir helfen. Sogar aus dem Tod will er dir helfen, denn den hat er auch gekostet, als er am Kreuz für dich starb. Übrigens stand auf dem Strafzettel an seinem Kreuz auch dieses Wort: König. Und jetzt steht dieser ungewöhnliche König, der die Schlacht gegen den Tod gewann, vor deiner Tür und will zu dir, Du brauchst ihn nur aufzunehmen. Sag einfach: Herein!

Macht Platz, räumt auf!

Wer Besuch erwartet, räumt auf. Ist die Adventszeit die richtige Zeit für Aufräumungsarbeiten? Es hat sich da ein Mißverständnis eingeschlichen: Die Adventszeit wurde zur Zeit des Gerührtseins, des Kaufens, des Fressens und Saufens. Nichts gegen Gerührtsein, Rühr- und Pfefferkuchen, Geschenkeinkauf, fröhliches Feiern und Besinnlichkeit. Aber: Besinnen wir uns darauf, welche Bedeutung die Adventszeit eigentlich hat. Sie ist Bußzeit, Vorbereitungszeit. Weil wir Besuch erwarten. »Unser Herr kommt!« – so lautet die Ankündigung. Wir haben es schriftlich (Offb 22,7). Es gilt, sich auf das, auf den, der kommt, vorzubereiten. Aber wie?

Johannes der Täufer sagte (Lk 3): Tut Buße, also: Kehrt um! Ändert euch! Bringt Früchte! Wer keine bringt, wird abgesägt! Die Leute fragten ihn: Was sollen wir denn tun? Die Antwort, die Johannes gibt, ist verblüffend simpel. Die ist so simpel, daß man sich fragt: Warum macht er erst einen derartigen Wind, redet große Worte von Buße und Früchten, wenn ihm dann weiter nichts Konkretes einfällt als eine Werbung für die Innere Mission: Spendet Sachen! Gebt was zu essen! Erst macht er den Leuten die Hölle heiß, und wenn sie ihn fragen, wie sie dem Zorn Gottes entrinnen könnten, dann heißt es: Teilt mit einem andern euer Frühstücksbrötchen. Kein Wort von großen religiösen Kraftanstrengungen, Weltveränderungsprogrammen, Taten, die die Welt erschüttern könnten, sondern ganz einfach: Tut das Nächstliegende, helft dem Nächstliegenden, dem Nächsten, dessen Not vor eurer Nase liegt. Guckt euch um, da steht einer, der friert. Du hast (mindestens) zwei Pullis – gib ihm einen davon ab. Da drüben steht einer, der hat Kohldampf, und du hast noch ein paar Äpfel in deiner Tasche. Gib ihm ein paar ab!

Wir fragen uns: Ist das wirklich so einfach mit der Buße? Läßt sich Gottes Zorn mit ein paar Bratäpfeln dämpfen? Ich denke: In dem Simplen liegt gerade die Pointe der ganzen Sache. Lassen wir uns diese Pointe nicht entgehen, gehen wir auf die Suche nach dem Nächstliegenden!

Also: Was liegt bei Ihnen an? Sehen Sie doch bitte mal auf Ihrem Schreibtisch nach. Da liegt doch irgendwo unter einem Haufen Papier schon seit Wochen ein Brief herum, und Sie wissen genau – der Absender wartet auf Antwort. Also dann antworten Sie doch endlich, noch heute! Oder: Da liegt irgendwo ein kranker Mensch. Sie wissen es, und Sie wollten ihn schon lange mal besuchen. Aber wie es so ist, gerade in der Adventszeit, da kommt immer was dazwischen. So gehn Sie doch, um Himmels willen, endlich hin, noch heute, gerade in der Adventszeit! Wer weiß, was sonst wieder dazwischenkommt. Beispielsweise: Jesus. Irgendwann kommt er ja dazwischen, mittenrein in unsere langfristigen Pläne, wichtigen, unaufschiebbaren Termine, gemütlichen Feierstunden. Und stellt uns ein paar ganz simple Fragen, etwa: Warum hast du mich nicht besucht, als ich krank war? Warum hast du meinen Brief nicht beantwortet? Mir nichts von deiner Zeit, deinem Besitz, deiner Erfahrung abgegeben?

Kleinigkeiten, alles Kleinigkeiten! Tatsächlich, aber gerade diese Kleinigkeiten sind es, die der Herr erwartet, die er als Früchte erwartet. Freilich heißt Advent: Wir warten auf den Herrn. Aber er wartet auch auf uns, er erwartet etwas von uns – Früchte, Zeichen einer Sinnesänderung. Er stellt uns Fragen nach simplen Kleinigkeiten, um unsere Einstellung zu prüfen. Rechnen wir eigentlich damit, daß er mit unseren Früchten rechnet? Und bedenken wir genügend, daß sich die große Abschlußrechnung unseres Lebens aus lauter kleinen Posten zusammensetzt? Aus sogenannten simplen Kleinigkeiten?

»Tut das Nächstliegende« – das klingt so einfach, und doch tun wir uns mit den einfachen Dingen so schwer. Dabei wird von uns wirklich nicht erwartet, daß wir staunenerregende Dinge auf die Beine stellen. Wir sollen weiter nichts tun als das, was krumm ist, gerade machen. Also: Wer krumme Wege geht, soll einen geraden Weg gehen. Wer einen krummen Buckel macht, sich aufrichten und Rückgrat zeigen. Das, was schief gelaufen ist, in Ordnung bringen. Ausbügeln. Kehren. Umkehren. Platz machen, wo sich Dreck angesammelt hat.

Macht Platz, räumt auf!
Gott will neu beginnen.
Macht Platz, räumt auf!
Gott fängt neu mit uns an.

Junger Mensch und Sex

Freundlicher Leser, nimm ab deine Scheuklappen, so wie ich mir kein Feigenblatt vor den Mund nehme: Wir sprechen über Sex. Und zwar über Sex vor der Ehe. Und zwar reden wir ganz offen über die Sache, oder wir lassen es sein. Wir können es aber, denke ich, nicht sein lassen; denn es ist nun mal kein Schlafzimmergeheimnis, daß der voreheliche Geschlechtsverkehr unter jungen Menschen äußerst verbreitet ist.

Von »Geheimnis« kann keine Rede sein, denn es sind zu dieser Frage genügend Statistiken veröffentlicht worden. Von »Schlafzimmer« kann erst recht keine Rede sein, denn das Problem besteht ja gerade darin, daß diejenigen, die vor der Ehe Verkehr haben, noch kein Schlafzimmer haben. Sie haben im günstigsten Fall das Zelt an der Ostsee, ansonsten gibt es genügend Parkbänke und Gelegenheiten.

Früher konnte und brauchte man über das alles nicht so zu reden, aber die Zeiten haben sich halt geändert. Als die Eltern meines Jahrgangs fünfzehn waren, wußten sie noch nicht, wie es gemacht wird. Als wir fünfzehn waren, wußten wir schon, wie ein Kind gezeugt wird. Heute weiß man mit fünfzehn, wie kein Kind gezeugt wird. Unsere Eltern brauchten sowas auch gar nicht zu wissen, denn die waren mit fünfzehn für so etwas noch viel zu unreif. Heute aber erlangt der junge Mensch die Geschlechtsreife wesentlich früher.

Etwa 6-8 Jahre bevor die Gesamtreife erreicht ist, ist heutzutage schon die Sexualreife vorhanden. Während also die Geschlechtskraft voll ausgebildet ist, hinkt alles andere – die seelische und die Persönlichkeitsentwicklung, der Wille und das Beherrschungsvermögen, das Verantwortungsbewußtsein usw. – hinterher. Daraus ergibt sich eine ungeheure Spannung, wie sie noch nie eine Jugend auszuhalten hatte. Hier beginnt das Problem.

Der Körper des jungen Menschen ist wie ein Neubau, in dem die Stromleitungen fix und fertig gelegt sind und die volle Spannung bereits da ist, aber die Sicherungen sind noch nicht installiert. Kein Wunder, daß es da zu Kurzschlüssen kommt. Denn sobald ein junger Mensch des anderen Geschlechts diesen Neubau betritt und das Feuer der Liebe entfacht, da kann es passieren, daß das ganze Haus sofort in Flammen steht. Auf diese Weise ist schon mancher schöne Neubau abgebrannt und für das junge Ehepaar, das später einziehen wollte, unwohnlich geworden. Denn nachdem sich die Spannung entladen hat, kommt man sich meistens ziemlich verkohlt vor, und das alles bloß deswegen, weil die Sicherungen fehlten.

Die meisten jungen Leute, die heute heiraten, haben schon vor der Hochzeit zusammen geschlafen, und ein großer Teil von ihnen heiratet bloß deswegen so zeitig, weil ein Kind unterwegs ist. Diese Muß-Ehen sind immer – eben weil ein Muß dahinter steht und die Entscheidungsfreiheit stark eingeschränkt ist – voller Probleme. Denn selbst wenn so eine Muß-Ehe gutgeht, bleiben Schwierigkeiten, wie z.B. noch keine wirtschaftliche Selbständigkeit, keine eigene Wohnung, Unterbrechung des Studiums oder der Ausbildung, keine Oma am Ort, also dann arbeiten gehen und das Kind in die Krippe geben. Dadurch wird dem Kind das Wichtigste genommen, was Eltern ihrem Kind geben können, nämlich die Geborgenheit des Elternhauses.

Oft gehen gerade die Muß-Ehen nicht gut, und die Statistik beweist eindeutig, daß der Satz »Jung gefreit hat nie gereut« in Omas Mottenkiste gehört.

Bei anderen ist es wieder so, daß sie gar nicht erst heiraten, weil bei ihnen in dem Augenblick, wo die Freundin ein Kind kriegt, die Freundschaft aufhört, und das Ergebnis ist dann das uneheliche Kind. Obwohl uneheliche Kinder und ledige Mütter bei uns besonderen Rechtsschutz genießen, ist es immer noch so, daß sie von manchen Leuten als moralisch minderwertig angesehen werden. Dabei ist aber erstens das Mädchen, das ohne Ehe zur Mutter wird, nicht schlechter als andere Mädchen. Die ledige Mutter hat lediglich Pech gehabt, während die anderen eben besser aufgepaßt haben oder besser informiert waren – gemacht haben sie aber alle das gleiche. Zweitens verdient ein Mädchen, das ein uneheliches Kind zur Welt bringt, schon deshalb unsere Achtung, weil es ja schließlich noch die andere Möglichkeit gibt, die von vielen genutzt wird: Schwangerschaftsabbruch, also auf deutsch: Tötung des Kindes im Mutterleibe. Diese Möglichkeit kommt für einen Christen nicht in Frage. Deshalb sollten wir Christen unehelichen Müttern gegenüber besonders respektvoll sein. Auf keinen Fall sollten wir, wenn es passiert ist, den Mund aufreißen, sondern vorher mit den Jugendlichen darüber reden.

Und ich möchte allen jungen Menschen, die in Sachen Sex Probleme (von Antibabypille bis Zucht) haben, dringend raten, sich nicht alleine damit abzuquälen, sondern mit einem anderen darüber zu reden. Das geht nicht mit jedem. Aber mit Jesus geht das. Er ist der beste Ratgeber, auch in puncto Sex. Hingegen sind die Ratschläge der Gleichaltrigen, die genauso wenig Erfahrung haben wie der Ratsuchende, erfahrungsgemäß nicht sehr hilfreich. Da wendet man sich besser an einen Erwachsenen, zu dem man Vertrauen hat. Das kann ein Lehrer, ein Arzt, ein Pfarrer oder sonstwer sein.

Sex ohne Liebe – ein Unsinn

Bei den Jugendlichen ist das heute so wie bei einer Rakete, die abschußbereit auf der Rampe steht und den Weg zur Venus durchaus schaffen würde, aber das Kontrollzentrum ist noch nicht fertig. Vernünftigerweise sollte man daher mit dem Abfeuern der Rakete so lange warten, bis das Kontrollzentrum entwickelt ist. Wird die Rakete vorher abgeschossen, gibt es natürlich erst mal ein großes Freudenfeuer. Aber ohne funktionierendes Kontrollzentrum langt es bloß zu einem Fehlstart mit anschließender Bruchlandung.

Das Problem ist nun, das Kontrollzentrum und die Rakete in das richtige Verhältnis zu bringen, mit anderen Worten: Sex und Liebe miteinander zu verkoppeln.

Liebe ohne Sex – das ist nur eine halbe Sache. Mit Recht sagt Wilhelm Busch: »Platonische Liebe kommt mir vor wie ein ewiges Zielen und Niemals-Losdrücken.« Auf der anderen Seite: Sex ohne Liebe – das ist erst recht eine halbe Sache. Das kommt mir vor wie ein ständiges Losdrücken ohne Zielen, das einzige Ziel ist die eigene Triebbefriedigung, aber das hat noch nichts mit Liebe zu tun. Liebe ist das herrlichste Geschenk, das Gott den Menschen – im Unterschied zum Tier – gegeben hat. Seinen Geschlechtstrieb befriedigen, das macht jeder Maikäfer. Es liegt mir völlig fern, etwas Unfreundliches über die Maikäfer zu sagen, deshalb sage ich: Vermutlich haben die den gleichen Spaß dabei wie ein Mensch, der alle paar Wochen mit einem anderen netten Käfer ins Bett krabbelt. Es soll ja auch Freude machen! Dagegen ist überhaupt nichts einzuwenden. Das hat Gott dankenswerterweise so eingerichtet, und wir haben als Christen kein Recht zur Sexfeindlichkeit.

Aber wir haben erst recht kein Recht, uns wie die Maikäfer zu benehmen und blind unseren Trieben zu folgen. Der Mensch unterscheidet sich vom Maikäfer beispielsweise dadurch, daß die Natur des Menschen es verlangt, daß wir unsere Triebe beherrschen. Bei wem die höchsten Ideale allerdings nur bis zur Gürtellinie reichen, der ist ein Hohlkopf, auch wenn er noch so gelehrt von der freien Liebe redet.

Freie Liebe, Partnertausch, Gruppensex – das ist doch weiter nichts als das Gefasel von unreifen Leuten, die weder von der Natur des Menschen noch von seiner Seele, noch von der Wissenschaft, noch von der Liebe, ganz zu schweigen von Gottes Geboten eine Ahnung haben. Unfähig und unwillig, sich der schwierigen Aufgabe zu stellen, sich auf einen Menschen ganz einzustellen, sich einem Menschen wirklich zu öffnen, übertragen sie das Leistungsprinzip auf das Gebiet der Sexualität und propagieren als die große Freiheit, was in Wirklichkeit Versklavung an den Trieb und den Egoismus ist. Bei diesem sexuellen Freibeutertum kann man seine Drüsenfunktion regulieren und vor anderen angeben, aber niemals das tiefe Glück der vollen Geschlechtsgemeinschaft erleben.

Das wirkliche, schöne, beglückende geschlechtliche Erlebnis hat man erst dann, wenn man mit dem Partner nicht nur zusammen schläft, sondern auch zusammen lebt. Zum Koitus gehört die Koexistenz. Zur Geschlechtsgemeinschaft gehört die Lebensgemeinschaft. Alles andere ist und bleibt eine halbe Sache, bei der die Nachteile größer sind als der augenblickliche Lustgewinn. Es geht in der Liebe nicht bloß ums Nehmen, sondern ums Geben, nicht um das Besitzen, sondern um das Beschenken, nicht um das Glücklich-Werden, sondern um das Glücklich-Machen. Zum vollen Menschsein gehört, daß ich für den anderen auch die volle Verantwortung übernehme, und das ist nur möglich durch die Liebe.

Damit bin ich wieder bei meiner Hauptthese: Sex und Liebe müssen gekoppelt sein, und das ist wiederum nur möglich in der Ehe.

Die Ehe ist der von Gott geschaffene Platz für die Ausübung der Sexualität. Die Ehe ist für den Sex das, was der Fußballplatz für den Fußballfan ist: der Ort, der die Idealbedingungen für ein ordentliches Spiel bietet. Natürlich kann man auch außerhalb eines regulären Fußballplatzes Fußball spielen, z.B. auf einem Hinterhof mit der Blechbüchse. Aber das ist eben kein Spiel im Vollsinn, das ist bloß Gebolze.

Was sich außerhalb des von Gott dafür vorgesehenen Platzes für den Sex, also außerhalb der Ehe, abspielt, ist Gebolze, kein volles Spiel, läßt keine volle Entfaltung der Liebe und der Sexualität zu. Übrigens: Auch innerhalb der Ehe gelten für die Geschlechtspartner – genauso wie für die Spieler auf dem Fußballplatz – ganz bestimmte Spielregeln. Wer glaubt, ohne sie, ohne den Schiedsrichter auszukommen, kommt oft genug vor den Scheidungsrichter.

Enthaltsamkeit

Ich brauche das Wort bloß hinzuschreiben: Enthaltsamkeit – da höre ich schon das Hohngelächter der jugendlichen Leser. Das soll die Antwort sein auf die Frage: vorehelicher Geschlechtsverkehr – ja oder nein? Ja, das ist meine Antwort, und wenn ihr jetzt rot seht, ich gebe kein grünes Licht: Mit sechzehn ist man für den Sex einfach noch zu grün. Sage ich.

Und der Professor Borrmann sagt: Bis zum sechzehnten Lebensjahr ist die absolute Enthaltung jeder Art sexueller Kontakte zu fordern. (Der Professor Borrmann ist kein mittelalterlicher Mönch, sondern ein marxistischer Autor, vgl. sein Buch »Jugend und Liebe«, Urania-Verlag.) Ich kann gar nicht sagen, wie ich über den klaren Standpunkt – absolute Enthaltsamkeit ist zu fordern – ausgerechnet eines marxistischen Pädagogen frohlocke. Natürlich werden jetzt die Sechzehnjährigen rebellieren, aber meine lieben Teenager: Ich weiß natürlich, daß ihr einen Freund oder eine Freundin habt, ist ja auch in Ordnung. Nur nehmt bitte zur Kenntnis: Was ihr für die große Liebe haltet, ist in Wirklichkeit eine Verliebtheit, und das ist ein ganz enormer Unterschied.

Eure Verliebtheit in allen Ehren – sie ist vielleicht das Schönste, was es in eurem Lebensalter gibt –, aber wer mit sechzehn behauptet, für die große Liebe reif zu sein, beweist mit dieser Behauptung nur seine Unreife. Natürlich gibt es Ausnahmen. Natürlich hält sich jeder für eine, aber normalerweise könnt ihr jetzt einfach noch nicht abschätzen, ob das liebliche Wesen, in das ihr verschossen seid, euer Partner fürs Leben werden kann. Ihr seid ja jetzt noch mitten in eurer geistigen Entwicklung. Vor euch liegen entscheidende Jahre, in denen ihr euch noch verändern werdet durch Einflüsse von Beruf, Studium, Kennenlernen vieler neuer Menschen, Armee und vieles andere, was euch formt. Es besteht immerhin die Möglichkeit, soviel solltet ihr einräumen, daß ihr euch in diesen wichtigen Jahren auseinanderentwickelt. Das müßt ihr schließlich einkalkulieren und nicht bloß darauf spekulieren, daß ihr zur Zeit sexuell harmoniert. Sexuelle Harmonie, so wichtig sie ist, langt als Grundlage für eine Ehe nicht, und eine Sexbombe ist noch lange kein idealer Ehepartner. Denn eine Sexbombe ist eine Frau, die nur daran interessiert ist, die Männer hochgehen zu lassen, ohne mit einem Kind niederkommen zu wollen.

Denkt nur bloß nicht, daß der probeweise voreheliche Schnellverkehr an den paar Abenden, wenn Papi und Mami im Kino sind, als Grundlage für eine Ehe ausreicht. »Das denken wir ja auch gar nicht«, werden viele von euch sagen. »Wer wird denn immer gleich von Ehe reden, von Dauerhaftigkeit, von Lebensbindung usw.? Das interessiert uns zur Zeit gar nicht. Das wissen wir selber, daß wir mit sechzehn noch nicht heiraten können, aber wir wissen, daß wir schon zusammen schlafen können. Wir können – also, warum dürfen wir nicht?«

Na, weil es Pfusch ist! Stümperei! Liebe ist mehr als Lustempfindung, Glück ist mehr als Freude am Sex, und darum, um euer Glück, darum geht es doch.

Zu einem richtigen Geschlechtsverkehr gehören mindestens drei Bedingungen: Erstens: Es muß viel Zeit sein, vorher und hinterher. Wer keine Zeit hat, hat auch nichts davon.

Zweitens: Man muß frei von Angst sein, z.B. frei von der Angst, erwischt zu werden oder ein Kind zu bekommen. Jedes bißchen Angst verdirbt die ganze Freude.

Drittens: Das ergibt sich aus Punkt 1 und 2 – es muß eine bestimmte Sicherheit, eine Geborgenheit da sein. Der Ausdruck »Geborgenheit« hat nichts mit kleinbürgerlichem Milieu wie »Heimchen am Herd« zu tun, sondern ist eine psychologische Notwendigkeit.

Das alles – Zeit, Freiheit von Angst und Geborgenheit – gibt es nur im Rahmen der Ehe, und wo dieser Rahmen fehlt, kommt zumindest die Frau beim Geschlechtsverkehr nicht auf ihre Kosten. Auch hier gilt das Gebot der Nächstenliebe: »Liebe deinen Nächsten wie dich selbst.« Und das geht jetzt besonders an die Adresse der jungen Männer: Wenn ihr selber für euch die Erfüllung sucht, dann bedenkt bitte, daß es diese Erfüllung für die Frau nur unter den genannten drei Bedingungen gibt. Ohne Erfüllung dieser Bedingungen wird der Liebesakt zum Akt der Lieblosigkeit.

Ich weiß selbstverständlich, daß ich damit gegen eine Wand rede und meine Argumente kaum Gehör finden. Verliebte sind ja für vernünftige Argumente taub, da kann man reden, soviel man will. Ich bin mir deshalb darüber im klaren, daß ihr mich wegen meines Neins zum vorehelichen Geschlechtsverkehr für einen verstaubten pastoralen Sexmuffel haltet. Meinetwegen; was ihr von mir denkt, ist schließlich egal. Ich habe nur eine Bitte: Glaubt mir wenigstens, daß ich euch nichts wegnehmen will.

Wer den Geschlechtsverkehr vor der Ehe vorwegnimmt, kommt mir vor wie einer, der grüne Äpfel klaut. Natürlich schmeckt für den Augenblick nichts besser als ein geklauter Apfel, auch wenn er noch so grün ist. Aber eben nur für den Moment. Was zurückbleibt, ist ein saurer Nachgeschmack, sind angebissene junge Dinger, bei denen keiner mehr anbeißen will. Also, wenn ihr unbedingt grünes Obst wollt, ich kann euch nicht daran hindern.

Ich will ja weiter gar nichts, als euch den Rat geben: Wartet, bis der Apfel reif ist, damit ihr auch den vollen Genuß habt. Ich will euch ja gar nicht eure Freude vermiesen, sondern gönne euch die volle, ungeteilte Freude am Sex, und die erlebt ihr nur, wenn ihr euch einem Menschen ganz gebt, und zwar dem Menschen, mit dem ihr nicht nur als Geschlechtspartner, sondern als Lebenspartner zusammen lebt.

Zur Trauung trauen

Was spricht für eine kirchliche Trauung? Die fromme Oma? Die Sitte? Wenn's nur das ist, dann bitte nicht. Nicht nur, weil ihr damit euren Pfarrer zum Zeremonienmeister degradiert, sondern weil ihr dann den Gottesdienst zum bloßen Menschendienst umfunktioniert, aus der ganzen Sache eine Heuchelei macht. Ich wundere mich immer, wie junge Leute, die Autorität, Konventionen und Moralnormen lässig verachten und fleißig auf die Spießer schimpfen, an ihrem Hochzeitstag plötzlich unter gar keinen Umständen ohne Glockengeläut auskommen können. Sonst Feierlichkeit verabscheuend, scheuen sie sich auf einmal nicht, in feierlichem Einzug zum Altar zu schreiten, unter Orgelklang, versteht sich, womöglich »So nimm denn meine Hände«. Sonst wollen sie nie, aber zur Hochzeit müssen sie unbedingt in die Kirche. Das geht mir nicht ein. Ich finde, in diesem Falle wäre es ehrlicher, die Station Kirche auf dem Weg vom Standesamt zur Hochzeitstafel auszulassen. Oma, Orgel, Ordnung sind keine hinreichenden Gründe. Was dann?

Es kommt alles darauf an, woher ihr euch habt: Ob ihr euch euren Mann (bzw. eure Frau) »genommen« habt oder ob ihr euren Mann (bzw. eure Frau) bekommen habt, von Gott bekommen, geschenkt, anver-traut. Daher nämlich: Trauung. Wenn ihr vom Standesamt zur Kirche kommt, dann seid ihr ja bereits verheiratet, gültig vor Gott und den Menschen. Das Wort »verheiratet« kann man nicht steigern: verheiratet - verheirateter - am verheiratetsten. Durch die kirchliche Trauung werdet ihr also nicht »verheirateter«, sondern ihr werdet euch gegenseitig von Gott anvertraut, nicht als Besitz, sondern als Leihgabe. Auf Lebenszeit. Um diese Leihgabe richtig zu verwalten, braucht es mehr als guten Willen und ein amtliches Stück Papier.

Der Trauschein, ob der standesamtliche oder der pfarramtliche, ist kein Garantieschein für Liebe auf Lebenszeit. Auch die Liebe zwischen zwei Menschen kann sterben. Aber Gottes Zusage, daß er euch zutraut, daß ihr zusammenbleibt, bis der Tod euch scheidet - die bleibt. Deshalb ist in den Tagen der Krise, wenn die Liebe nachgelassen hat oder sogar gestorben ist, die bei der Trauung von Gott gegebene Zusage das einzige Fundament, auf dem ihr wieder aufbauen könnt. Gott kann auch Tote auferwecken!

Es gibt Zeiten, in denen ist nicht die Liebe oder die liebe Gewohnheit das, was euch zusammenhält, sondern Gottes vertrauende Zusage an euch, also eure Trauung, ist die einzige Klammer. Der Wert einer Klammer zeigt sich erst richtig, wenn der Wind bläst. Bei schönem Wetter kann man ein Wäschestück notfalls auch so auf die Leine hängen. Aber es gibt nicht nur sonnige Tage, an denen alles wie am Schnürchen geht. Wenn schon ein Paar Socken auf der Leine einen festen Halt brauchen, dann erst recht ein Paar Menschen, das durch das Band der Liebe verbunden ist. Klammern sind einfach notwendig, und es wäre dumm, sie schon deshalb abzulehnen, weil sie schon zu Großmutters Zeiten in Gebrauch waren. Nicht alles, was alt ist, ist altmodisch. Was gut und richtig ist, behält seinen Wert. Der Wert der Trauung zeigt sich oft erst in »bösen Tagen«, in denen ihr nicht wißt, wie ihr weiter zusammen leben könnt. Ihr könnt es, weil nicht eure Treue und euer Vertrauen, sondern Gottes Treue und sein Vertrauen die Grundlage eurer Ehe sind. Verzicht auf die Trauung heißt Verzicht auf diese Grundlage.

Ich rate keinem, darauf zu verzichten. Denn für die Ehe gilt ganz besonders: »An Gottes Segen ist alles gelegen.« Wem allerdings daran nichts gelegen ist, der sollte auch keinen Wert auf eine kirchliche Trauung legen.

Fettbemme genügt

»Herbergt gern«, »seid gastfrei ohne Murren«, sagt die Bibel. Und die Leute sagen: »Je später der Abend, um so lieber die Gäste.« Liebe Leute, das sagt sich so hin, aber wenn's mal passiert, da haut es Sie meistens um. Warum? Vermutlich, weil Sie so selten Besuch bei sich haben. Da wird dann, wenn wirklich mal einer auftaucht, immer gleich eine Riesenaktion draus. Besuch zu haben ist heutzutage nicht die Regel, sondern der Ausnahmefall, und dadurch wird der Fall so problematisch und aufregend. Mit frischer Tischdecke, Buttermesser, schnell noch Staubwedeln und so. »Hach, entschuldigen Sie bitte, bei mir ist heute gar nicht aufgeräumt.« Na, und? Spielt das überhaupt eine Rolle? Der Besucher sucht doch nicht Ihre aufgeräumte

Wohnung, sondern Sie, einen Menschen. Und ganz unter uns gesagt: Wenn er Sie nicht im offenen Hemdkragen verkraften kann, sondern nur zugeknöpft mit Schlips, dann ist es auch nicht so schade drum, wenn er wieder abzieht. Dieses zugeknöpfte Getue mit »Bitte, langen Sie nur zu« und »Danke, ich bin so frei«, das ist doch sowieso blöd. Wer außer Knigge will das? Keiner, ehrlich. Na also, warum machen Sie's dann?

Es muß so abends gegen neun gewesen sein, als es bei uns klingelte. Zwei junge Leute stehen vor der Tür. Die übliche Aufmachung: Nietenhosen, Kutte, ein sackartiges Gebilde baumelt von der Schulter, auf denen die langen Haare aufliegen. Am Bart erkenne ich, daß eine der beiden Gestalten männlichen Geschlechts ist, ansonsten habe ich noch nie im Leben die Typen gesichtet. Ob sie bei uns pennen könnten? Wir hatten gerade in der Küche den Maler, der gesamte Küchenkrempel stand im Korridor herum, Zuckerdose in der Bratpfanne, man storchte über Töpfe und Einmachgläser. Außerdem hockten im Wohnzimmer bereits einige junge Leute; einer der Jungs hatte die umwerfende Idee gehabt, seinen 17. Geburtstag bei uns zu feiern. Mit einem Wort: Der Zeitpunkt zum Empfang von Gästen war hervorragend ungünstig. Also sage ich: Also kommt rein. Schon sind die aus ihren Tretern geschlüpft und marschieren auf Socken ins Wohnzimmer, Karo-Duft in der Luft. Nach einiger Zeit habe ich sogar das ungewöhnliche Glück, die Namen der beiden mitgeteilt zu bekommen. Aber das ist nicht so wichtig. Wichtig ist zunächst nur, daß die beiden Hunger haben. Junge Leute haben immer Hunger. Irgendwo im allgemeinen Durcheinander wird das Brot entdeckt, da, hinter der Kaffeemühle, steht der Fettnapf; und wie man eine Fettbemme schmiert, das werdet Ihr wohl wissen. Läuft alles wie geschmiert. Wozu Teller?

Die Unterhaltung geht bis früh um drei, und noch heute kommen die beiden bei uns vorbei, wenn sie mal ein Auto bis zu uns erwischen. Sie trampen in ihrer Freizeit durch die Gegend, in jeder Stadt haben sie irgendwelche Bekannte, kennen einen Haufen Leute, aber sind im Grunde schrecklich einsam. Kennen sich selber noch nicht richtig. Spielen erwachsen und treten sicher auf, stecken aber voller Unsicherheit und Fragen. Opponieren gegen die Autorität und suchen verzweifelt nach echter Autorität. Sind dauernd auf der Suche, suchen jemanden, der für sie Zeit hat, mit ihnen redet, bei dem sie abladen und auftanken können. Kurz: Sie suchen Menschen. Keine ständig nervös zwischen Küche und Eßtisch hin- und herschießende Hausfrau, die vor lauter Tellerklappern und Staubfummeln nicht zum Zuhören kommt und mit ihrem penetranten Getöse jede vernünftige Unterhaltung sabotiert. Die brauchen keine mit Gewürzgürkchen neckisch garnierten Wurstteller zum Abendbrot. Fettbemme genügt! Solche jungen Menschen sind, jedenfalls was Konvention und Komfort betrifft, äußerst genügsam. Aber sie sind äußerst anspruchsvoll, was den Menschen betrifft. Den wollen sie kennenlernen, ergründen, ausfragen, von dem wollen sie angenommen, aufgenommen sein.

Wie oft beschränkt sich die Unterhaltung bei unseren sogenannten »Gastlichkeiten« auf leeres Blabla, wie oft dreht sich alles nur darum, was den Gästen in den Mund, statt um das, was aus dem Mund kommt. Vor lauter Gemampfe und höflichem Gefloskel keine Zeit für die Hauptsache – den menschlichen Kontakt. Und dann wundern wir uns, wenn es steif und gequält bleibt, bis die lieben Gäste endlich wieder gehen. Ich habe mich lange gewundert, warum unsere Gäste nie wieder gehen wollen. Das muß etwas mit der Fettbemme zu tun haben.

Mach mal Pause!

Gegen die Faulheit ist schon mit soviel Fleiß, Schweiß, Tinte, Lautstärke und Ermahnungen gekämpft, gepredigt, geschrieben und geredet worden, daß es an der Zeit ist, auch mal ein gutes Wort für die Faulheit einzulegen. Deshalb sage ich: Man muß auch mal in Gottes Namen faul sein können. Ich weiß: Ohne Fleiß kein Preis. Fleiß ist gewiß eine Tugend. Aber es gibt eben Tugendbolde, die müssen immer gleich alles übertreiben, Fleißbolde, für die das Wort »Feierabend« ein Fremdwort, die Ruhe unerträglich und der Herzinfarkt ziemlich sicher ist. Das gibt mal eine schöne Todesanzeige: »Arbeit war sein ganzes Leben.« Mehr nicht? Du Jammer! Dieser Satz gedacht als höchstes Lob des Erdenkindes, ist, wenn man's genau bedenkt, ein großes Armutszeugnis. Fromm ist er jedenfalls nicht. Denn wer es für ein besonderes Zeichen von Frömmigkeit hält, nie anzuhalten und abzuschalten, führt keineswegs ein gottwohlgefälliges Leben. Denn Gott hat ein Gebot gegeben, das dem Menschen das Ausruhen geradezu gebietet. Merkwürdig, daß Gott das Pausemachen befehlen muß. Man sollte meinen, dazu wäre kein Befehl nötig und sowas wäre selbstverständlich. Aber Gott kennt seine Pappenheimer!

Da sind zum Beispiel, um die Kirche im Dorf zu lassen, die Pfarrer. Es muß schon lange her sein, als von denen gesagt werden konnte, es gäbe zwei Dinge, in denen sie die Gottheit nachahmen: Sie sind unbegreiflich am Sonntag und unsichtbar den übrigen Teil der Woche. Das hat sich ja nun gründlich geändert, zumindest was die Sichtbarkeit in der Woche betrifft. Heutzutage sind die Pfarrer mehr bestrebt, die göttliche Eigenschaft der Allgegenwart zu erreichen – immer erreichbar, überall dabei, stets im Dienst –, und halten es obendrein noch für höchst verdienstvoll, wenn sie pausenlos am Rotieren sind. Erzählen sie von ihrem Beruf, dann dauert es keine fünf Minuten, und es fallen solche Wörter wie »überfordert«, »überlastet«, »überarbeitet«. Einer sagte mir, er könne es sich »nicht leisten«, mal einen Tag frei zu machen, und ab ging's mit Blaulicht und Herzinfarkt ins Krankenhaus. Reizende Aussichten für einen, der auszieht, das Predigthandwerk zu lernen! Aber erstens ist Gott kein Sklavenhalter und Ausbeuter, sondern ein sozial denkender Gott, siehe drittes Gebot. Und zweitens ist der Pfarrer nicht »auch bloß ein Mensch«, sondern auch bloß ein Christ, für den das dritte Gebot genauso gilt wie für jeden anderen auch. Wer sonntags im Namen Gottes predigt, hat einen Wochentag im Namen Gottes faul zu sein.

Die Kirchenvorstände täten gut daran, darauf zu achten, daß ihre Hirten auch in diesem Punkt einen rechten christlichen Lebenswandel führen. Und statt daß sich eine Gemeinde darüber aufregt, wenn ihr Pfarrer am Montag spazierengeht oder Krimis liest, sollte sie sich freuen, daß er ein so frommer Mann ist, der das dritte Gebot nicht nur seinen Konfirmanden einbleut, sondern sogar vorbildlicherweise selber hält. Der freie Tag, das Ausruhen, die Pause, das Faulsein ist nicht nur sein gutes Recht, sondern seine heilige Pflicht. Wer immer nur rotiert, hat bald Leerlauf. Wer nicht mehr abschalten kann, dreht bald durch. Wer pausenlos redet, kommt ins Schwätzen. Wer nicht mehr in die tiefe Ruhe versinken kann, plätschert nur noch oberflächlich. Wer nicht mehr faul sein kann, kann nicht mehr richtig arbeiten. Das mußte, ganz unter uns, auch mal gesagt werden. So, und jetzt sage ich nichts mehr. Ich mache Ferien! Legalisierte Faulheit! Herrlich!

Ich bin sauer

Jedenfalls manchmal. »Manchmal« ist sogar ziemlich oft, bei mir jedenfalls. Es gibt ja auch dauernd einen Grund, weil es dauernd nicht so geht, wie ich wohl will. Da schreibe ich z.B. einen Artikel, feile an den Sätzen, freue mich über ein besonders gelungenes Wortspiel, über einen netten Gag, eine gepfefferte Formulierung. Und dann streicht mir doch die Redaktion ausgerechnet das, worauf ich so stolz war, einfach heraus. Schon bin ich sauer.

Oder: Ich stecke meine ganze Kraft und Liebe in die Predigtarbeit, versuche, mein Bestes zu geben, im Studierzimmer und auf der Kanzel. Was dabei herauskommt, steht in keinem Verhältnis zur reingesteckten Mühe. Da müßten doch neue Menschen, neues Leben herauskommen. Ich strample mich ab und komme kaum vorwärts, ich möchte etwas erreichen und komme nicht zum Ziel. Da predigt man jahrein, jahraus, kaum ein Bekehrter kommt heraus, schon bin ich sauer.

Oder: Ich kämpfe, z.B. im Kirchenvorstand, für oder gegen eine bestimmte Sache. Meine Argumente sind unwiderlegbar, ich bin im Recht, das ist sonnenklar. Es versteht sich von selbst, daß meine Meinung siegt. Es kommt zur Abstimmung, und siehe da, ich werde überstimmt. Nicht zu fassen – man begeht den Fehler, sich meiner doch wirklich richtigen Meinung nicht anzuschließen! Schon bin ich sauer. Und sage mir: Hat doch keinen Zweck, länger mit solchen uneinsichtigen Leuten zusammenzuarbeiten. Hat doch keinen Zweck, für eine gute Sache zu kämpfen. Hat doch keinen Wert, daß ich mich länger engagiere, also bin ich sauer, ich resigniere.

In diesem Moment, in dem ich die Segel streiche, weil ich nichts erreiche, hat ein anderer etwas erreicht. Dieser andere ist der Teufel. Wenn wir sauer sind, sind wir ihm gerade recht. Wenn wir resignieren, kann er triumphieren. Denn Resignation ist eine Form des Unglaubens. Vertrauensschwund. Saure, schmollende, eingeschnappte, in ihrer Ichsucht gekränkte Menschen sind des Teufels. Er ist es auch, der uns überhaupt erst dahin bringt, zu sagen: Ich habe recht, meine Meinung muß siegen, ich muß Menschen bekehren, mein Wille muß geschehen. Ich? Mein? Muß? Der Apostel Paulus schreibt: »So lebe nun nicht ich, sondern Christus lebt in mir.« Wer sich schmollend vom Leben zurückzieht, beweist, daß Christus nicht in ihm lebt. Wer sich unterkriegen läßt, beweist, daß er den Auferstandenen nicht in sich trägt. Wer resigniert, hat nicht kapiert, was Johannes der Täufer meint: »Er muß wachsen, ich aber muß abnehmen.«

Solange es mir noch darum geht, daß ich groß herauskommen muß, muß ich immer wieder an den Punkt der Resignation kommen, wo ich nur noch feststellen kann: Meine schönste Mühe ist umsonst, also laß ich's sein. Eine richtige Feststellung, aber eine falsche Folgerung! Denn Jesus sagt: »Ohne mich könnt ihr nichts tun.« Nichts! Nicht einmal eine Niederlage können wir ohne ihn einstecken. Da sind wir bloß noch sauer, weil das, was wir so gut geplant, was wir uns so schön ausgedacht hatten, nicht geklappt hat. Wir planen, machen, wollen viel zuviel und überlassen Jesus viel zuwenig. Das einzige Hindernis für »Christus in uns« ist unser Ich. Nicht ich – sondern Jesus, das ist das Rezept gegen die Resignation, die unser Handeln lähmt, unsere Stimmung drückt, uns im Schmollwinkel versauern läßt. Erst wenn wir gemerkt haben, daß wir ohne Jesus nichts können, können wir mit Paulus sagen: »Ich kann alles durch den, der mich mächtig macht – Christus.« In diesem Moment ist der Teufel schon sauer. Soll er doch!

Familienkrach

Familienkräche sind noch keine Familienschande. Sie sind oft eher so etwas wie eine Naturkatastrophe (die manchmal, wegen der Reinigung der Atmosphäre, sogar ihr Gutes hat): Da braut sich allmählich etwas zusammen, die Atmosphäre wird immer mulmiger, und eines Tages knallt's eben. Das Gewitter entlädt sich, scharfe Worte schießen wie Blitze hin und her, Türen werden donnernd geschmissen, fertig ist der Familienkrach. Keiner hat es direkt gewollt, keiner ist direkt schuld, alles entsteht vielleicht bloß, weil man sich zu dicht auf der Pelle hockt. Je kleiner die Wohnung, um so größer die Reibeflächen. Jeder Mensch hat das Recht auf einen Bereich, wo er für sich ist und ihm keiner reinzureden hat. Jeder Mensch hat auch bestimmte Rechte: Der Säugling muß schreien, das Kind muß rennen, Opa muß Ruhe haben. Wo solche berechtigten Ansprüche wegen Platzmangels nicht realisierbar sind, kommt es zum Platzen.

So etwas kommt in den besten Familien vor, z.B. auch bei einem gewissen Abraham. Für ihn und seinen Neffen Lot wird eines Tages die Welt zu eng und der Krach zum Dauerzustand. Mit bewundernswerter Nüchternheit erkennt Abraham: Hier hilft nur noch die Trennung. Gott hat nun mal die Menschen verschieden gemacht, und was Gott durch verschiedene Charaktere, Geschmäcker, Lebensweise usw. geschieden hat, soll der Mensch nicht zusammenfügen. Die Devise »Einheit um jeden Preis« ist weder biblisch noch realistisch. Da lob ich mir den Vater Abraham, der ehrlich sagt: Schluß jetzt mit der Quälerei, mit uns beiden wird nichts mehr, also trennen wir uns. Das sagt er aber erst, nachdem er alles versucht hat, um die Sache mit Lot wieder ins Lot zu bringen. Denn bevor er zum allerletzten Mittel der Trennung greift, versucht er es mit Reden. Zwar ohne Erfolg – mit Lot ist eben nicht zu reden –, aber wie Abraham mit seinem Neffen spricht, ist beispielhaft – besonders für uns, die wir uns (Wohnungsproblem!) meistens gar nicht trennen können, sondern zusammen bleiben, also zusammen reden müssen. Er pflanzt sich nicht vor ihm auf als Autorität, als der alte, erfahrene Onkel. Er behandelt ihn nicht als den kleinen Hosenmatz, der ums Zelt herumhüpft und zu gehorchen hat, sondern als Erwachsenen, als Partner, der sein eigenes Zelt, sein eigenes Leben hat. Er nimmt ihn für voll.

Eltern vergessen oft, daß ihre Kinder eben keine Kinder mehr sind, sondern junge Erwachsene, die man als Gesprächspartner ernst nehmen muß. Je eher man anfängt, die Kinder, auch wenn sie ganz klein sind, als Persönlichkeiten ernst zu nehmen, um so besser. Dazu gehört, daß Kindern nicht nur erlaubt sein muß, eine eigene Meinung zu haben, sondern sie auch zu äußern. Und was die eigene Meinung betrifft, so muß sie begründet werden. Im Falle des Familienkrachs genügt es nicht, wenn das Familienoberhaupt mit der Faust auf den Tisch schlägt und mit Donnerstimme verkündet: Das und das habe ich beschlossen, so und so wird's gemacht, basta. So was ist keine Aussprache, das ist Diktatur und führt erst recht zur Verhärtung der Fronten. Machtworte sind in Wirklichkeit oft Ohnmachtsworte. Abraham diktiert nicht, im Gegenteil, er kommt Lot entgegen. Und er versichert: Wie du dich auch entscheidest, es bleibt dabei: Wir sind doch Brüder. Und das heißt: Auch wenn wir uns leider trennen müssen, dann müssen wir doch in Zukunft nicht wie Hund und Katze sein. Wir können schiedlich/friedlich nebeneinander leben, ohne uns gegenseitig auf die Nerven, um den Hals oder über uns herzufallen.

Trennungen sind nicht schön, aber sie sind in der Familie der Völker, der Kirchen und in unseren Familien manchmal nötig. Und wir erkennen heute immer mehr, daß wir, um trotz schmerzlicher Trennungen friedlich leben zu können, nach der Devise Abrahams leben müssen: Wir sind doch Brüder. Ohne diesen Geist der Brüderlichkeit werden wir nicht überleben und auch in Kirche und Familie nicht zusammenleben können. Wenn sich von uns einer trennt, weil er eine andere Meinung hat und einen anderen Weg geht, dann wird er oft gleich als »unbrüderlich« abgestempelt. Abraham kündigt im Moment der Trennung die Brüderlichkeit nicht auf, sondern er bestätigt sie gerade. Brüderlichkeit fängt eben nicht dort an, wo sowieso alles in Butter ist, sondern sie bewährt sich dort, wo Krach ist, weil wir verschieden sind. Der Geist der Brüderlichkeit ist nicht ein Geist des frommen Verkleisterns von Meinungsverschiedenheiten. Er ist der Geist, der uns hilft, Verschiedenheiten und Spannungen zu tragen, ohne einzuschnappen. Sind Sie anderer Meinung als ich? Macht ja nichts. Hauptsache: Wir sind doch Brüder.

Einsame Höhe

Jeder strebt nach oben, möchte höher steigen, auf der Höhe sein. Aber die Höhe hat nicht nur ihre erfreulichen Seiten – etwa ein höheres Gehalt –, sondern auch ihre Gefahren. Man kann zum Beispiel wieder herunterfallen. Deshalb gilt: »Sei freundlich zu denen, die du bei deinem Aufstieg überholst. Du könntest ihnen bei deinem Abstieg wieder begegnen.«

Die große Gefahr für den, der auf der Höhe ist, ist die Einsamkeit. Höhe hat es naturgemäß mit Einsamkeit zu tun. Am flachen Strand können sich viele aufhalten, auf der Bergspitze immer nur einer oder ganz wenige. Es muß welche geben, die oben stehen. Zum Beispiel auf der Kanzel. Oder auf hoher Bildungsstufe; oder auf hohem Posten mit hoher Verantwortung. Worauf stehen die nun eigentlich? Ich meine: Was ist die Basis? Denn jeder, der oben ist, war vorher mal unten. Und alles, was er jetzt »da oben« tut, tut er doch für die, die unten sind. Sagt er jedenfalls. Was aber, wenn er zu denen »da unten« keinen Kontakt mehr hat? Wenn er die Basis verloren hat und verloren in der Luft hängt? Dann hängt alles, was er sagt, anordnet, predigt, plant und bestimmt, bestimmt auch in der Luft.

Ich weiß kein Rezept zur Überwindung solcher Einsamkeit. Die joviale Tour ist kein Ausweg. Schulterklopfende Chefs, die beim Betriebsausflug nach dem fünften Glas Bier nach allen Seiten das »Du« anbieten, machen sich ebenso lächerlich wie Großstadtpastoren, die aus Gründen der Volksverbundenheit in Krachledernen über die Asphaltstraßen ihrer Gemeinde stapfen. Das sind Kinkerlitzchen, welche die Einsamkeit eher noch betonen als aufheben. Wie gesagt, Methode kenne ich keine.

Aber ich kenne einen Weg, und ich kenne einen, der den

Weg gegangen ist: Gott. Er ist einzig, einmalig, einsame Spitze. Aber er hat die Einsamkeit überwunden, indem er von seiner Höhe herunterkam auf die platte Erde und Mensch wurde, weil er die Menschen liebte.

Für den, der hoch oben ist, ist die Liebe der einzige Schutz vor der Einsamkeit, das einzige feste Verbindungsseil zur Basis, zu denen, die unten sind. Höhe macht vergeßlich. Die bloße Erinnerung daran, auch einmal unten gewesen zu sein, verfliegt schnell.

Bei Familienvätern verdünnt sie sich oft zu der ebenso richtigen wie nutzlosen Beteuerung: »Ich bin auch mal jung gewesen.« Wer das Gespräch mit seinen Kindern mit diesem Hinweis eröffnet, hat es damit meistens auch schon zugleich beendet, kommt nicht über den Graben, bleibt auf dem einsamen Thron des erfahrenen Familienoberhauptes sitzen. Auch-mal-so-gewesen-sein wie der andere, das ist eine Sache der Entwicklung. Den anderen so gelten lassen, wie er jetzt ist (noch nicht so alt, so weit, so klug, so erfahren wie ich), das ist Liebe. Und Liebe ist keine Sache des Standortes, sondern des Standpunktes. Liebe kann man überall üben, oben und unten. Sie hält oben und unten zusammen.

Ist das hier steif!

Irgendeine Gemeindeveranstaltung in irgendeinem Gemeindesaal. Auf den hinteren Reihen sitzt das, was sich Gemeinde nennt. Man hat seinen Platz so gewählt, daß man nicht unmittelbar neben ein anderes Gemeindeglied zu sitzen kommt. Das hat den Vorteil, daß man dem andern nicht erst die Hand geben muß, so genau kennt man den sowieso nicht, oder vielleicht kennt man ihn doch ganz genau und möchte ihm gerade deshalb nicht erst die Hand geben. Auch erübrigt sich somit eine Unterhaltung, Kopfnikken genügt, hinplumpsen lassen, fertig, es kann losgehen. Bis zum Beginn der Veranstaltung sind noch ein paar Minuten Zeit. Einige Grüppchen, Stammplatzinhaber, riskieren eine Unterhaltung. Flüsterton, Gewisper, gedämpft. Die vorderen Reihen bleiben leer, zwischen Rednerpult und dem, was sich Gemeinde nennt, muß schließlich ein ordentlicher Abstand sein.

Einer kommt herein, paar Bücher unterm angewinkelten Arm, nickt gemessen, läßt sich auf der ersten Reihe nieder, Eckplatz. Von diesem Moment an wird das Geflüster noch gedämpfter, denn der Herr da vorn, der steif wie ein Stock dasitzt, und dem, was sich Gemeinde nennt, den Rücken zukehrt, ist der Herr Pfarrer. Er schielt immer mal auf die Uhr, ob's schon soweit ist, aber es ist noch nicht soweit: Es fehlen noch zwei Minuten; so auch der Kantor. Schließlich huscht auch der herein, beugt sich zum Pfarrer, die Herren besprechen die Lieder. Im Flüsterton, versteht sich. Nochmaliger Uhrenvergleich, der Kantor rückt sich auf seinem Klaviersessel zurecht, der Pfarrer erhebt sich und schreitet zum Pult.

Nun sieht man ihn auch von vorn, sein Gesicht ist ernst.

Noch fehlt eine volle Minute bis zum festgesetzten Beginn. Der Pfarrer blickt auf das, was sich Gemeinde nennt. Zu hören ist nun nichts mehr, es herrscht vollkommene Stille. Mein Gott, ist das hier steif! Öde, der ganze Laden; ob die Krach miteinander haben?

Da kommt noch jemand, es ist die alte Franke aus dem Nachbarhaus. »Na, die hat's nötig, immer als Letzte zu kommen, hat ja auch den weitesten Weg«, brummt jemand. Oma Franke gibt sich wirklich Mühe, jedes überflüssige Geräusch zu vermeiden, quetscht sich gleich auf den nächsten freien Stuhl, das Ding knarrt peinlicherweise. Endlich passiert mal was: Oma Franke schmeißt vor lauter Beklemmung ihren Krückstock um. Gepolter, Köpfe drehen sich um, natürlich, die olle Franke. Die hat einen roten Kopf, fummelt auf dem Fußboden herum, endlich hängt der Stock wieder an der Lehne, wieder ist Stille.

Unverwandt blickt der Herr Pfarrer derweil auf das, was sich Gemeinde nennt. Man mustert sich gegenseitig, immer noch fällt kein Wort und leider auch kein Krückstock mehr. Da: »Liebe Brüder und Schwestern, wir beginnen mit dem Lied Nummer ...« – und nun rollt die Veranstaltung ab, Bibelstunde, Morgenandacht, Gottesdienst, was es auch sei. Jedenfalls ist es eine Veranstaltung, aber nie und nimmer ein Zusammensein einer Gemeinde, einer Gemeinschaft, die sich kennen, sich lieben, sich begrüßen, sich etwas zu sagen haben müßte.

Wenn sich Bekannte in der Kneipe treffen, geht es anders zu. Gewiß, der Gemeindesaal ist keine Kneipe. Aber er ist der Raum, in dem die Familie der Kinder Gottes zusammenkommt, die »Brüder und Schwestern«. Und da dürfte es eigentlich nicht so steif, verklemmt, gequält zugeben. Das, was sich Gemeinde nennt, müßte aufeinander zugehen, zusammen reden, zusammenrücken, sich natürlicher, menschlicher geben, um wirklich eine Gemeinschaft abzugehen. Ich schlage vor: Bei der nächsten Zusammenkunft im Gemeindesaal setzen Sie sich ohne Abstand neben jemand, strecken ohne Umschweife die Hand aus, fangen ohne Geflüster ein Gespräch an. Wer ganz keck ist, kann sich vorn auf die erste Reihe setzen, neben den Pfarrer. Wenn der schon so verklemmt ist, daß er lieber die Wand anstiert, statt sich mit seinen Gemeindegliedern zu unterhalten, dann braucht er dringend jemanden, der sich mal um ihn kümmert. Jedenfalls: Kampf der Steifheit! Einverstanden, Brüder und Schwestern?

Ostergelächter

Haben Sie schon einmal erlebt, daß in der Kirche, im Gottesdienst, von der ganzen Gemeinde gelacht worden ist? Wie bitte? Sie meinen, das gäbe es nicht? Das gehört sich nicht? Das sei unpassend? Frivol?

Haha, kann ich da nur sagen. Noch nie was vom Ostergelächter gehört? Nein? Naja, das kann ich verstehen. Das ist ja auch schon lange verklungen, seit ein paar Jahrhunderten. Aber bis zur Reformationszeit konnte man es in Deutschland noch hören, das Osterlachen.

Das war nämlich so: Nach der Fastenzeit (in der wirklich gefastet wurde) mußte die Gemeinde das Lachen wieder lernen. Und zwar lernte sie es im Gottesdienst, wenn die frohe Botschaft von der Auferstehung Jesu Christi verkündigt wurde. Da wurde der Teufel von der Gemeinde regelrecht ausgelacht, weil er von Christus besiegt worden ist, und die Herren Prediger waren verpflichtet, ihre Predigt mit einigen Schwänken zu würzen und ein paar Witze zu reißen, auf daß das Volk etwas zu lachen habe.

Aber schon viele der damaligen Gottesmänner scheinen zu der Kategorie von Theologen gehört zu haben, die sich nach Ansicht des großen, humorvollen Evangelisten Spurgeon so vorzüglich als Märtyrer eignen: so trocken, daß sie gut brennen. Viele Pfarrer müssen damals offensichtlich ebenso witzlose Knaben gewesen sein wie ihre Nachfolger im Amt, unter denen wir heute zu leiden – Verzeihung, ich wollte sagen: zu sitzen haben.

Und wann gibt es heute schon in der Kirche etwas zu lachen? (Von der unfreiwilligen Komik mancher Prediger abgesehen.) Das Osterlachen – im weitesten Sinne, denn alle Freude des Christen gründet in der Osterfreude – ist erstickt unter dem gedämpften Pathos gesitteter Feierlichkeit. Sie ist nicht der Wurzelboden, auf dem die köstliche Gottesgabe des Humors gedeihen kann. Nicht im düsteren Gemäuer, sondern im belebenden Luftzug frischen Glaubens gerät das Zwerchfell in Schwingung.

Man muß es nämlich einmal ganz offen aussprechen: Auch das Zwerchfell ist eine Schöpfung Gottes. Wirklich seltsam, daß diese simple Tatsache in einer Kirche, welche die frohe Botschaft verkündigt, so wenig beachtet wird. Ausgerechnet das Zwerchfell haben wir fast gänzlich der Bearbeitung weltlicher Instanzen überlassen. Denn daran ist wohl kein Zweifel, daß wir Christen im allgemeinen nicht abgeneigt sind gegen eine Betätigung dieses Organs – z.B. im Kino, vor der Bildröhre, im Freundeskreis – aber eben nicht in der Kirche. Wer gibt uns das Recht, das Zwerchfell für weltliche Zwecke zu reservieren? Die Tatsache, daß das Lachen in unserer Kirche Mangelware geworden ist, deutet darauf hin, daß wir das Evangelium weder als frohe Botschaft noch als einen Anspruch begreifen, der dem Menschen in seiner Gesamtheit bis in die verborgensten Winkel seines Wesens hinein erfassen will.

So staunte ich, als ich eines Tages bemerkte, daß nicht überall in der weltweiten Kirche das Lachen auf das mitleidige Lächeln als höfliche Reaktion auf harmlose Sparwitze reduziert oder gar ganz ausgestorben ist. Zuerst war ich ja etwas schockiert, als ich mitten in einer Schallplattenaufnahme eines Gottesdienstes ein schallendes Gelächter hörte. Es war ein Gottesdienst nordamerikanischer Neger. Ich glaubte erst, mich verhört zu haben, zumal es sich um den Gesang eines Liedes handelte, in dem vom Tode Christi die Rede ist.

Meine Fassungslosigkeit verlor sich, als ich auf den Text des Gesanges achtete. Die Neger sangen von dem Ziel des Glaubens, der ewigen Seligkeit:

»Eines Tages werde ich meine strahlende Krone bekommen, Herr Jesu!«

Dann kam das Lachen, und dann die Zeilen:

»Du starbst für mich, Herr Jesus, Jesus,
Du starbst für mich auf Golgatha,
Herr Jesus, Jesus.«

Als ich mir die Sache in Ruhe überlegte, kam ich zu dem Schluß, daß das Lachen zwischen den beiden Aussagen nicht deplaziert war. Wenn es überhaupt etwas gibt, was uns frei und fröhlich machen kann, dann ist es die Verheißung, daß wir »someday« – eines Tages – »die Krone« bekommen werden, das sehen sollen, was wir hier geglaubt haben, und in ewiger Gemeinschaft mit Gott leben werden. Und das ist nur möglich, weil der »Lord Jesus«, der Herr Jesus, für mich auf Golgatha gestorben ist. Hier ist die Botschaft vom Kreuz nicht mit der bürgerlichen Trauer vermengt, die bei uns am Karfreitag vorherrschend ist und so tut, als ob wir nicht genau wüßten, daß auf Karfreitag Ostern folgt. Das Lied der gottesdienstlichen Gemeinde ist Vorwegnahme der zukünftigen Herrlichkeit, in der unser Mund »voll Lachens« sein wird. Im Hymnus der Negergemeinde, die die am Kreuz vollbrachte Erlösungstat Jesu Christi lobpreisend besingt, spiegelt sich ein Abglanz jenes Lachens wider. Und das nicht als Spielerei oder etwa gar Blasphemie, sondern gerade als Ausdruck des Ernstnehmens dessen, was uns die frohe Botschaft sagt.

Mahalia Jackson

Zu ihrem Todestag am 27. Januar

»Wenn der Herr es zuläßt, will ich Evangelistin werden«, hat die schwarze Gospelsängerin Mahalia Jackson einmal gesagt. In dem von ihr gemeinten Sinn hat sich dieser Wunsch nicht erfüllt. Sie war und blieb eine Sängerin, aber eben darin war sie eine Evangelistin, eine der großen Evangelistinnen unseres Jahrhunderts. Denn noch nie hat es eine Sängerin christlicher Lieder gegeben, die ein so millionenfaches Publikum erreicht hat wie diese Künstlerin, die nur ein Ziel kannte: »Ich trage die Botschaft der Hoffnung und Begeisterung durch die Gospelmusik von Staat zu Staat, von Land zu Land über die ganze Welt.«

Obwohl sie keine musikalische Ausbildung hatte, ja noch nicht einmal Noten lesen konnte, gehörte sie zu dem kleinen Kreis der ganz großen Musikerpersönlichkeiten unserer Zeit. Sie sang ausschließlich Spirituals und Gospel Songs, die Lieder der nordamerikanischen Negerchristen; und wo auch immer sie auftrat, versetzte sie die Menschen in andächtige Begeisterung. Nie war für sie ein Konzert lediglich ein Konzert, sondern für sie war jeder Auftritt ein Akt der Verkündigung. »Was spielt es denn für eine Rolle, wo die Leute die Musik Gottes hören, wenn sie nur die Botschaft hören!« Es war für sie selbstverständlich, vor ihren Bühnenauftritten zu beten, in der Bibel zu lesen oder sich zumindest von ihrem Manager daraus vorlesen zu lassen. So vorbereitet trat sie vor ihr Publikum, meistens in sehr einfach geschnittenen Kleidern mit einem riesigen, fast kindlich wirkenden weißen Kragen. Wenig Schmuck, wenig Make-up, wenig Gestik. Ihr fehlte so ungefähr alles, was man heutzutage von einem Bühnenstar erwartet, und mit ihrer gewaltigen Körperfülle war sie alles andere als eine gutaussehende Frau. Wodurch sie faszinierte, das war ihre Natürlichkeit, ihre unaristokratische Würde, ihre mütterliche Ausstrahlung. Äußerlich wirkte sie wie eine Mischung von bravem, großem Schulmädchen am Tage der Zeugnisverteilung und gütiger Matrone, die zur Sonntag-Nachmittags-Kaffee-Einladung marschiert. Wenn diese Frau auf der Bühne hin- und hermarschierte, tänzelte, die Mikrophone beiseite ließ und mit ihrer dunklen timbrierten Kontra-Altstimme zu singen begann, gerieten ganze Heerscharen in Ekstase. Das Geheimnis ihres Erfolges bestand in der bruchlosen Übereinstimmung von Glauben, Persönlichkeit und künstlerischem Ausdruck. Niemand hat dies besser umschrieben als Coretta King: »Sie glaubte, was sie sang, und sie sang, was sie glaubte.«

Die »schwarze Nachtigall« wurde am 26. Oktober 1911 in New Orleans geboren. Ihr Berufswunsch: Krankenschwester. Ihre Laufbahn: Kindermädchen, Hausangestellte, Wäscherin, Baumwollpflückerin, Stubenmädchen, Fabrikarbeiterin, zeitweise auch Besitzerin eines Kosmetiksalons und eines Blumenladens. Das war in Chikago, wohin sie mit 16 Jahren zog. Da sie schon zu Hause im Kirchenchor gesungen hatte, war es für sie selbstverständlich, sich in Chikago einer Gemeinde anzuschließen und ihrem Chor beizutreten. Hier, in der »Greater Salem Baptist Church«, fand sie ihre eigentliche Heimat, hier begann ihre Karriere. Sie gründete das erste schwarze Gospel-Quartett Chikagos, wurde bald über die Stadt hinaus bekannt und unternahm als Solistin ausgedehnte Konzertreisen. 1947 erfolgte mit ihrer Schallplatte »Move On Up a Little Higher« der große Durchbruch. Sie wurde ein Millionenerfolg, und ab jetzt regnete es Einladungen und Ehrungen von allen Seiten. Sie wurde zum offiziellen Gesangssolisten der »National Baptist Convention« gewählt und trat 1950 in der berühmten »Carnegie Hall« in New York auf. Alle acht Konzertabende fanden vor ausverkauftem Haus statt, die Presse überschlug sich mit lobenden Reportagen, der Weg vom Nationalstar zum Weltstar stand offen. Als »Königin des Gospelgesangs« unternahm sie drei Europatourneen, trat in Japan und Indien auf und gab Tausende Konzerte in den bedeutendsten Konzerthallen der Welt, in kleinen Kirchen und auf öffentlichen Plätzen. Ihre größte Zuhörerschaft hatte sie bei dem Marsch der Bürgerrechtskämpfer auf Washington, wo sie unmittelbar vor der berühmten Rede Dr. Kings zu einer Viertelmillion Menschen sang. Sie war es auch, die den letzten Wunsch Martin Luther Kings erfüllte und zu seiner Beerdigung sein Lieblingslied »Precious Lord« sang. Geschwächt durch die ungeheuren Anstrengungen ihrer Konzerte, Reisen, Radio-, Fernseh- und Schallplattenaufnahmen, erlitt sie mehrere Herzattacken, bis es in ihrem 60. Lebensjahr zum völligen Zusammenbruch kam. Sie starb am 27. Januar 1972. Tausende kamen zu ihrer Beerdigung, und wieder erklang das Lied »Precious Lord«, diesmal gesungen von Aretha Franklin:

Nimm mich, Herr, bei der Hand,
führe mich, gib mir Stand.
Ich bin müde, ich bin schwach, ich bin matt.
Durch den Sturm, durch die Nacht
laß mich sehn Lichterpracht.
Nimm mich, Herr, bei der Hand,
führ mich heim . . .

Gott macht Kleider

Zwei Schüler, die sich noch nie leiden konnten, erreichten beide ihr Ziel: Der eine wird Offizier, der andere Priester. Als Erwachsene treffen sie sich auf einem Bahnhof wieder. Der Priester geht auf den Offizier in seiner gutsitzenden Ausgehuniform zu und sagt: »Herr Bahnhofsvorsteher, gestatten Sie eine Frage: Bin ich hier richtig zum Zug nach Köln?« Der Offizier antwortet, mit einem Blick auf die Soutane des Priesters: »Jawohl, meine Dame, Sie sind hier richtig, und wenn ich mir den Hinweis gestatten darf – das Abteil für Schwangere ist im 2. Wagen.«

Die beiden sind zwar geworden, was sie schon immer wollten, aber geblieben, was sie schon immer waren: giftige Streithammel. Wer sich in diesem Sinne treu bleibt, dem wird Gott am Ende der Tage, wenn »die Erde wie ein Kleid veralten wird« (Jes 51,6), das Fell über die Ohren ziehen. Davor hat schon dem Apostel Paulus gegraut. Er wollte nicht nackt vor Gott dastehen, »sondern überkleidet werden, . . . wenn alle offenbar werden vor dem Richterstuhl Christi« (2 Kor 5,3.10). Nur – wo kriegt man dann noch was Passendes her? Im Alten Testament hatten sie für diesen Fall der Kleidungsnot eine Notkleidung: den Sack. Wenn Gottes Gericht drohte – wie in Ninive, und die Menschen sich bekehrten, da »zogen alle, groß und klein, den Sack zur Buße an« (Jona 3,5). Das äußere Gewand sollte eine innere Wandlung ausdrücken, sollte Gott das Eingeständnis signalisieren: Wir sind nichts wert, wir bitten um Gnade. Diese Sprache versteht Gott. Diese Kleidung liebt er. Er liebt den Sack mehr als den Frack, den Demütigen mehr als den Hochmütigen.

Doch ob sich Menschen wirklich ändern, ist nicht nur eine Sache von Bußgewändern. Das ist Sache des ganzen

Menschen. Das Neue Testament geht aufs Ganze: »Legt von euch den alten Menschen ab... und zieht den neuen Menschen an« (Eph 4,22). Tja, wenn das so einfach wäre! In ein Büßerhemd schlüpfen ist sicher leichter, als aus der Haut zu fahren. Wer kann schon aus seiner Haut? Geht das überhaupt? Kann sich der Mensch denn ändern? Kann er wirklich neu werden? Macht hier die Bibel nicht schöne Worte, die gar nicht konkretisiert werden können? Die nächsten Verse (Eph 4,25ff) sind so massiv konkret, daß sie jeder versteht: Hört auf mit Lüge, Diebstahl, Geschwätz, Bitterkeit, Zorn, Lästerung, statt dessen redet die Wahrheit, arbeitet ordentlich, unterstützt das Gute, »seid freundlich, herzlich und vergebt einer dem andern« (Vers 32).

Dieser Schuh dürfte jedem passen! Und jeder, der ihn sich anzieht, wird dadurch ein neuer Mensch? Genau umgekehrt, sagt Paulus in Kolosser 3,9ff: »Ihr habt ja ausgezogen den alten Menschen und angezogen den neuen ... so zieht nun an als die Auserwählten Gottes herzliches Erbarmen, Demut, Sanftmut, Geduld.« Also nicht: Weil du königlich gekleidet bist, bist du ein Königskind, sondern: Weil du ein Königskind bist, kleide dich königlich! Weil du ein Kind Gottes bist, benimm dich entsprechend! Trag nicht mehr die Klamotten von Gottes Konkurrenz, zieh nur noch Sachen aus Gottes Kollektion an, garantiert passend für alle Jahreszeiten und Lebenslagen! Ja, aber wo nimmt man denn solche göttlichen Kleidungsstücke wie Freundlichkeit, Vergebungsbereitschaft und den Mantel der Barmherzigkeit her? Sowas gibt's ja nicht in der ausgeflipptesten Boutique! Stimmt. Die hängen weder auf der Stange der weltanschaulichen Kaufhäuser noch im Fenster der religiösen Reisebüros, liegen nicht auf den Wühltischen der billigen Straßenhändler noch in den exklusiven Shops der oberen Zehntausend, sie sind auch nicht in mühevoller Heimarbeit herstellbar.

Die Kleider, die den neuen Menschen kennzeichnen, kriegt man nirgends zu kaufen. Die kriegt man nur geschenkt. Und dort liegt das Problem. Irgendwie haben die Leute was dagegen, in geschenkten Klamotten rumzulaufen. Dazu sind sie zu stolz. Jeder möchte sich gern nach eigenem Geschmack kleiden, Samt oder Wolle, koste es, was es wolle, Hauptsache, man erscheint vor den Menschen und vor allem vor Gott mit seinen eigenen Kleidern. Der eine versucht es mit seiner Werk-Kleidung, der andere mit weißer Weste, der nächste mit traditioneller frommer Kutte im bescheidenen Entsagungslook. Aber Werkgerechtigkeit, Selbstgefälligkeit und Gesetzlichkeit sind in Gottes Augen lächerliche Minimode, einfach zu kurz, um die Schwächen des alten Menschen zu bedecken. Jesaja 28,20: »Die Decke ist zu schmal, um sich drein zu schmiegen.« Gott ist bereit, unseren Anzug so zu ändern, bis er uns paßt und seinen Ansprüchen genügt. »Ändern«, »wenden«, mit diesen aus der Schneidersprache bekannten Ausdrücken beschreibt die Bibel die Bekehrung, das Umwenden, die Sinnes-Änderung, das Neuwerden des Menschen.

Bei der Bekehrung wird die Frage entschieden: Wer hat in meinem Leben den Hut auf – ich oder Jesus? Der neue Mensch verzichtet auf den alten Hut der Selbstrechtfertigung und läßt sich von Jesus rechtfertigen, die rechten Kleider anfertigen. Es sind die Kleider, die Jesus selber in seinem Leben getragen, die er uns in unserer Taufe vererbt hat und nun maßgerecht auf uns zuschneidert. Da er den Preis für sie bereits in voller Höhe bezahlt hat, gibt er sie grundsätzlich nur kostenlos und geschenkweise ab. Der Kleidermacher Jesus ist kein Geschäftemacher, sondern ein Geschenkemacher. Diesen großzügigen Stil hat man im Hause

Gottes schon immer gehabt, und dabei wird es auch bleiben, bis zu dem Tag, an dem alle Modehäuser der Welt geschlossen werden und nur noch die Kleidung in ist, die alle Moden überdauert: »die Kleider des Heils« (Jes 61,10).

Auf den ersten Seiten der Bibel steht: »Gott der Herr machte Adam und seinem Weibe Röcke von Fellen und zog sie ihnen an« (1Mo 3,21), und auf den letzten Seiten der Bibel steht: »Wer überwindet, der soll mit weißen Kleidern angetan werden« (Offb 3,5). Es ist schon wahr: Kleider machen Leute. Aber es ist auch wahr: Leute, Gott macht Kleider!

Schrei aus der Tiefe – Negro Spirituals

Zu den dunkelsten Kapiteln der Kirchengeschichte gehört die Zeit der Sklaverei in Amerika. Weiße Menschen, die sich Christen nannten, versklavten schwarze Menschen, die sie Heiden nannten. Sie fingen sie in Afrika ein, verschleppten sie nach Amerika und verkauften sie dort stückweise auf dem Sklavenmarkt, wie das liebe Vieh. Wie Vieh wurden sie auch behandelt und mußten sie arbeiten. In erbärmlichen Hütten untergebracht, lebten diese Sklaven abseits von den prächtigen Herrenhäusern. Von Sonnenaufgang bis Sonnenuntergang arbeiteten sie auf den riesigen Plantagen und schufen die Grundlage des amerikanischen Reichtums. Angetrieben von den Peitschen ihrer Aufseher, bewacht von Bluthunden, ferngehalten von jeder Art Bildung und Kultur, entwürdigt und entrechtet, zählten sie in den Augen der Weißen kaum als menschliche Wesen. Diese Schwarzen galten als Wesen, auf denen ein Fluch Gottes lag. Sie hatten keine Rechte, keine Freiheit, keine Hoffnung.

Mitten in dieser trostlosen Lage begegneten die Negersklaven der Botschaft von Jesus. Das veränderte ihr Leben. Eigentlich hätten die Neger ja sagen müssen: »Wir wollen von dem Gott der Weißen nichts wissen. Denn wenn die so grausam zu uns sind, bloß weil wir schwarz sind, kann ihr Gott kein guter Gott sein.« Aber das haben sie nicht gesagt, sondern sie haben den Glauben der Christen angenommen. Ihre Bekehrungsgeschichte wurde zum hellsten Kapitel der Missionsgeschichte, denn noch nie hat sich ein ganzes Volk in so kurzer Zeit so völlig zu Gott bekehrt. Wie kam das? Es lag vor allem an zwei Gründen.

Wenn die Neger an den Gottesdiensten der Weißen teilnehmen mußten, hörten sie die biblischen Geschichten. Ganz besonders gefielen ihnen die herrlichen Geschichten aus dem Alten Testament. Da war die Rede von Jona, der im Bauch des Fisches saß, von den drei Männern, die im feurigen Ofen saßen, von Daniel, der in der Löwengrube saß. Immer waren es Menschen, die tief in der Klemme saßen, und immer hatte Gott sie aus ihrer Not errettet. Da sagten sich die Neger: Wenn dieser Gott damals die Macht hatte, Menschen aus so gefährlichen Situationen zu retten, warum sollte er nicht auch uns armen Sklaven helfen?

Dann hörten sie von dem Volk Israel. Dieses Volk lebte in der Sklaverei in Ägypten, mußte dort hart arbeiten und sehnte sich nach Hause. »Was hier in der Bibel geschildert wird«, so dachten die Neger, »das ist doch unsere eigene Geschichte, haargenau unser Schicksal!« Gespannt hörten sie zu, wenn diese Geschichte weitererzählt wurde: Gott erweckte den Mose, der zu Pharao hingehen mußte, um das Volk Israel aus der Sklaverei zu befreien und in das gelobte Land Kanaan zu führen. Da dachten die Neger: »Ob nicht Gott auch uns so einen gewaltigen Mose schicken könnte, der uns in die Freiheit führt?« Und sie sangen am Abend in ihren Hütten:

Go down, Moses,
go down in Egyptland.
Tell ol‹ Pharaoh:
Let my people go.

Geh hinab, Moses,
Hinab ins Ägyptenland.
Sag dem alten Pharao:

Laß mein Volk ziehn!

Noch mehr als die Botschaft des Alten Testaments begeisterte sie die Botschaft des Neuen Testaments. Denn da hörten sie, daß der Sohn Gottes selber hier auf dieser Erde war. Als ein Kind armer Leute war er gekommen, die Armen zu befreien. Er machte keinen Unterschied zwischen Schwarzen und Weißen, sondern er hatte sie alle gleich lieb. Besonders um die, denen es schlecht ging, die litten und traurig, krank und verfolgt waren, kümmerte er sich, lud sie alle zu sich in sein himmlisches Königreich ein. Und dann starb er am Kreuz.

Heute können wir uns kaum vorstellen, was das für die Neger bedeutete. Denn für die Sklaven war der Tod eines Menschen am Kreuz keine ferne Vergangenheit, sondern unmittelbare, grausige Gegenwart. In Amerika herrschte damals die Lynchjustiz, das heißt: Ein Mensch, oft ein unschuldiger, wird von einer tobenden Menschenmenge an einem Baum aufgehängt und stirbt dort, in der Sonnenglut unter Qualen hängend, vor den Augen der schaulustigen Menge. Da mußten viele Neger mit eigenen Augen ansehen, wie ihre Väter oder Brüder oder Freunde auf diese

Weise getötet wurden. Das war das Schicksal, mit dem jeder Neger rechnen mußte. Und eben dieses Schicksal – vor den Augen der schaulustigen Menge, verhöhnt und verspottet, lebendigen Leibes an einem Holzpfahl zu hängen und zu sterben – dieses Schicksal hatte der Sohn Gottes auf sich genommen, um alle Menschen, auch die Negersklaven, zu erlösen. Das war für die Sklaven eine wirklich frohe Nachricht! Am Kreuz wurde ihnen die Liebe Gottes klar, und von da an gehörte ihre Liebe, ihr Glaube, ihre Hoffnung dem lebendigen Gottessohn Jesus. Er war für sie eine ständige Quelle der Ermutigung, ihr hartes Schicksal zu bewältigen. Der Glaube half ihnen, die Zeit der Sklaverei zu überstehen, er trug sie wie eine Brücke.

Um ihren Glauben auszudrücken, hatten sie nur ein einziges Mittel. Alles hatten ihnen die Weißen genommen – ihre Kultur, ihre Sprache, ihre Kunst, ihre Musikinstrumente. Das einzige, was ihnen geblieben war, war ihre Stimme. Ausgestattet mit einer großen musikalischen Begabung, erhoben die Negersklaven ihre Stimme, um Gott ihre Klagen und ihr Lob zu bringen. Und aus der Tiefe des Leides, aus der Finsternis der Sklaverei und Unmenschlichkeit, erhob sich der reine und klare, machtvolle Gesang eines Volkes, das trotz allen Leides Gott loben konnte. So entstanden die Negro Spirituals, geistliche Negerlieder, zu einer Zeit, als in Europa der Strom geistlicher Lieder verebbte. Sie wurden zu einer Quelle eines neuen Singens in vielen Teilen der Welt. Sie wurden zum größten Geschenk, das die Negerkirche Amerikas der Weltchristenheit machte. Heute werden diese Lieder überall in der Welt geliebt, gehört und gesungen. Viele unserer neuen Lieder aus den letzten 20 Jahren sind ohne die Spirituals gar nicht denkbar.

Das vielleicht bekannteste Spiritual heißt »Nobody knows the trouble I've seen« – Niemand kennt das Leid, das ich seh. Wie bei allen Spirituals aus der Sklavenzeit weiß man nicht, wer es gemacht hat, wann es zum ersten Mal gesungen wurde, wer die Melodie erfunden hat.

Das erste, was uns an diesem Lied auffällt, ist seine Ehrlichkeit. Dieses Lied beschönigt nichts. Es tut nicht so, als ob Christen keine Probleme, keinen Kummer hätten. Im Gegenteil: Hier wird von einem Leid gesprochen, das so groß ist, daß man es mit Worten überhaupt nicht beschreiben kann. Es ist das Leid eines unterdrückten Volkes. Wenn Menschen so leiden müssen, dann besteht eine Gefahr. Sie fangen an, diejenigen, die ihnen das Leid zufügen, zu hassen. Wir würden uns nicht wundern, wenn in den Spirituals auch Haßtöne untergemischt wären. Aber das große Wunder der Spirituals ist, daß jeder Gedanke an Haß fehlt! In keinem einzigen Spiritual (und es gibt Tausende) ist auch nur ein einziges Mal vom Haß die Rede! Das ist ein deutlicher Beweis, daß diese Lieder echte Gaben des Heiligen Geistes sind, geboren aus dem Geist der Liebe, aus dem Geist von Jesus. Und so endet auch das Lied »Nobody knows« nicht mit einem Racheschrei, sondern mit einer Anbetung Gottes. Der Schrei aus der Tiefe gipfelt in einem Lob Gottes:

Glory, hallelujah!

Wo noch aus der tiefsten Tiefe des menschlichen Leides das Lob Gottes aufklingt, dort ist Geduld und Glaube der Heiligen!

Nobody knows the trouble I see,
Nobody knows but Jesus.
Nobody knows the trouble I see,
Glory, hallelujah!

Sometimes I'm up,
Sometimes I'm down,
Oh, yes, Lord.
Sometimes I'm almost to the ground,
Oh, yes, Lord.

Nobody knows the trouble I see,
Nobody knows but Jesus.
Nobody knows the trouble I see,
Glory, hallelujah!

Although you see me goin' along,
Oh, yes, Lord.
I have my trials here below,
Oh, yes, Lord.

Nobody knows the trouble I see,
Nobody knows but Jesus.
Nodody knows the trouble I see.
Glory, hallelujah!

Niemand kennt das Leid, das ich seh',
Niemand kennt es, nur Jesus.
Niemand kennt das Leid, das ich seh',
Gloria, Halleluja!

Manchmal geht es mir gut,
Manchmal geht es mir schlecht,
Oh, ja, Herr.
Manchmal liege ich fast am Boden,
Oh, ja, Herr.

Niemand kennt das Leid, das ich seh',
Niemand kennt es, nur Jesus.

Niemand kennt das Leid, das ich seh',
Gloria, Halleluja!

Obgleich du mich so dahinwandern siehst,
Oh, ja, Herr.
Habe ich hier auf Erden meine Versuchungen,
Oh, ja, Herr.

Niemand kennt das Leid, das ich seh',
Niemand kennt es, nur Jesus.
Niemand kennt das Leid, das ich seh',
Gloria, Halleluja!

Nichts hat die amerikanischen Negersklaven mehr getroffen als die Tatsache, daß Jesus an einem Kreuz gestorben ist. Für uns ist das Vergangenheit, unvorstellbar. Für die Neger war es Gegenwart, Wirklichkeit. Wir haben noch nie mit eigenen Augen gesehen, daß ein Mensch an einem hölzernen Stamm eines Kreuzes hängt und dort stirbt. Die Neger hatten das oft gesehen, mit ihren eigenen Augen. Sie waren dabei, als ihre Väter, Brüder oder Freunde gelyncht wurden. Meist waren sie unschuldig. Ohne langes Gerichtsverfahren wurden sie von einer wütenden Menge gegriffen, geschlagen, aufgehängt. Sie starben, in der sengenden Glut der Sonnenhitze, zwischen Himmel und Erde hängend, während die Volksmenge gaffte, sie verhöhnte, verlachte.

Mit dieser Wirklichkeit vor Augen lebten die Sklaven. Jeder von ihnen mußte damit rechnen, daß er einmal auf diese Weise sterben würde. Und da hörten sie, daß Jesus, der Sohn Gottes, genau diesen grausamen Tod gestorben war. Jesus war unschuldig. Er hatte nichts Böses getan. Aber seine Feinde haben ihn an ein Kreuz genagelt. Dort hing er, zwischen Himmel und Erde. Über ihm brannte unbarmherzig die glühende Mittagssonne. Unter ihm stand die Volksmenge, gaffte, verhöhnte ihn, machte sich über ihn lustig. So starb Jesus.

Als das die Negersklaven hörten, wurde ihnen klar, wie sehr Jesus die Menschen lieb hat. Denn er starb freiwillig. Um die Menschen zu erlösen, hat er diesen entsetzlichen Tod auf sich genommen. Sie konnten sich das so richtig vorstellen. Sie konnten es nachfühlen. Wenn sie von der Kreuzigung sangen, waren sie Jesus ganz nahe. Sie versetzten sich dann in die Lage der Jünger, die unter dem Kreuz standen. Während sie sangen, verging für sie der Unterschied zwischen der Kreuzigung und ihrer Situation. Es war für sie, als ob sie selber dabei wären, als ob sie selber unter dem Kreuz stünden. Das Lied überwand den Zwischenraum der Zeit. Beim Singen hatten sie das Gefühl, zu sehen, wie Jesus starb und wie die Sonne vor Scham über diesen Tod ihren Schein verlor.

Auch wenn du dir das nicht so genau vorstellen kannst wie die Negersklaven, gilt für dich: Jesus ist auch für deine Sünden gestorben. Er hat für dich gelitten. An deiner Stelle. Hast du darüber schon einmal nachgedacht? In einem ihrer Negro Spirituals fragen dich die Negersklaven:

Were you there when they crucified my Lord?
Were you there when they crucified my Lord?
Oh! Sometimes it causes me to tremble, tremble, tremble.
Were you there when they crucified my Lord?

Were you there when they nailed him to the tree?
Were you there when they nailed him to the tree?
Oh! Sometimes it causes me to tremble, tremble, tremble.
Were you there when they nailed him to the tree?

Were you there when he bowed his head and died?
Were you there when he bowed his head and died?

Oh! Sometimes it causes me to tremble, tremble, tremble.
Were you there when he bowed his head and died?

Were you there when the sun refused to shine?
Were you there when the sun refused to shine?
Oh! Sometimes it causes me to tremble, tremble, tremble.
Were you there when the sun refused to shine?

Were you there when they laid him in the tomb?
Were you there when they laid him in the tomb?
Oh! Sometimes it causes me to tremble, tremble, tremble.
Were you there when they laid him in the tomb?

Warst du dort, als sie kreuzigten den Herrn?
Warst du dort, als sie kreuzigten den Herrn?
Oh, manchmal, da bringt mich das zum Zittern, Zittern, Zittern.
Warst du dort, als sie kreuzigten den Herrn?

Warst du dort, als sie ihn ans Holz gehängt?
Warst du dort, als sie ihn ans Holz gehängt?
Oh, manchmal, da bringt mich das zum Zittern, Zittern, Zittern.
Warst du dort, als sie ihn ans Holz gehängt?

Warst du dort, als das Haupt er neigt' und starb?
Warst du dort, als das Haupt er neigt' und starb?
Oh, manchmal, da bringt mich das zum Zittern, Zittern, Zittern.
Warst du dort, als das Haupt er neigt' und starb?

Warst du dort, als die Sonne nicht mehr schien?
Warst du dort, als die Sonne nicht mehr schien?

Oh, manchmal, da bringt mich das zum Zittern, Zittern, Zittern.
Warst du dort, als die Sonne nicht mehr schien?

Warst du dort, als sie ihn ins Grab gelegt?
Warst du dort, als sie ihn ins Grab gelegt?
Oh, manchmal, da bringt mich das zum Zittern, Zittern, Zittern.
Warst du dort, als sie ihn ins Grab gelegt?

Starke Wurzeln, gute Früchte

Lieder und Texte von
Jörg Swoboda und Theo Lehmann

48 Seiten, 25 Lieder (mit Noten und Gitarrengriffen), geheftet, Bestell-Nr. 27804;
auch als Ton-Cassette: »Zwischen Tür und Angel«, Bestell-Nr. 29591

Daß dein
Wort in meinem Herzen
strake Wurzeln schlägt dein
Geist in meinem Leben **gute Früchte** trägt,
deine Kraft durch mich die Welt zu deinem Ziel
bewegt, Herr, du kannst dies Wunder tun. • Gut
gemeint und schlecht gemacht, oberflächlich aus-
gedacht ist so vieles – es verdorrt ohne dein
Wort. • Daß dein Wort in meinem Herzen **starke**
Wurzeln schläft und dein Geist in meinem Leben **gute**
Früchte trägt, deine Kraft durch mich die Welt zu
deinem Ziel bewegt, Herr, du kannst dies Wunder
tun. • Erst komm ich und dann komm ich. Pausen-
los geht es um mich. Was mich aus dem Strudel
reißt, ist, Herr, dein Geist. • Daß dein Wort in
meinem Herzen **starke Wurzeln** schlägt und dein
Geist in meinem Leben **gute Früchte** trägt,
deine Kraft durch mich die
Welt zu deinem Ziel be-
wegt, Herr,
du kannst
dies Wun-
der tun. Ist
die Wei-
che falsch
gestellt,
wird am
Schluß das
Ziel verfehlt.
Daß ein Mensch die Um-
kehr schafft, wirkt deine Kraft. • Daß dein Wort
in meinem Herzen **starke Wurzeln** schlägt und dein